JN312747

ジェンダーの社会学

伊藤公雄

(新訂)ジェンダーの社会学('08)
© 2008 伊藤公雄

装幀　畑中　猛

まえがき

　新しい言葉の登場が，時代を切り開いたり，時には社会そのものを大きく変えてしまうことがあります。「ジェンダー」という言葉の登場は，もしかしたら，そうした時代を変えるできごとの一つだったのかもしれません。というのも，この言葉が登場する前，多くの人は，男性・女性という性による区分やそれに基づく役割分担は，「自然なもの」「変えようのないもの」と考えていたからです。ところが，「社会的に作られた性別」を意味するこの「ジェンダー」という言葉が使われるようになると，男性・女性という区別による役割分担が，実は，社会の変化や歴史の展開の中で変化するものだということが，かなりはっきり見えるようになってきました。

　もちろん，男性と女性では，生物学的に違う部分があるのは事実です。例えば男性には妊娠・出産することは（生殖技術の発達で，今後は男性が妊娠できるようになるかもしれませんが，今のところ）できません。また，最近の脳の研究の発達の中で，男性と女性の脳には，平均してみれば（もちろん，個人個人の差の方がはるかに大きいのですが）かなり違いがあることもわかってきました。

　では，やはり男性と女性は生物学的に差があるから，今のような男女の役割分担は「自然なこと」なのでしょうか。そんなことはありません。というのも，現在行われている性別による役割分担の多くは，明らかにジェンダー，つまり社会的に作られた性別によって規定されているからです。

　特に問題なのは，こうした社会的に作られた性別＝ジェンダーによって，さまざまな差別や排除が生じてい

ることです。

　以前，大企業に勤める知人からこんなエピソードを聞いたことがあります。

　「最近は入社試験をすると，一般に，女性の方が，男性よりもはるかに成績が良い。成績で上から採用者を決めようとすると，7対3くらいで，女性が上位に並んでしまう。しかし，面接などを通して，最終的には7対3くらいの割合で男性を採用しているんだ」。

　何のために試験をしているのか，と聞きたくなります。もちろん，いろいろ言い訳はあるのかもしれません。しかし，ここで行われているのは，明らかにジェンダーに依拠した差別です（成績の優秀な能力ある女性たちを排除するような仕組みは，考えてみれば，企業としても経営上「もったいない」ことをしているはずです。でも，ジェンダーのレンズで人間を見ている男性主導社会においては，こうした問題点は，「見えない問題」であり続けてきたのです）。

　ジェンダーの視点は，こうした根拠のないジェンダーによる差別や排除の仕組みを明らかにするとともに，この仕組みが変更可能なものであることを私たちに教えてくれることになりました。

　男性と女性の意識やライフスタイルをめぐる問題，つまりジェンダーという課題は，現代社会のあらゆる分野に関わっています。その意味で，ジェンダーについて学ぶことは，そこから現代社会のあり様をもう一度見つめ直すことにもつながります。

　2008年度開始の専門科目「ジェンダーの社会学」のテキストである本書が，ジェンダーの視座から現代社会を見るための一つのきっかけになれば，幸いです。

2007年12月　　　　　　　　　　　　　　伊藤公雄

目次

まえがき　　　3

1 ── ジェンダーと社会学の視点　　　11

ジェンダーとは　11／ジェンダー・バイアスの存在　12／セックスとジェンダー　13／女性差別とジェンダー　14／男性というジェンダー　14／学術分野におけるジェンダー視点　15／社会学とは？　16／成立時の社会学の課題　17／社会学の三つのパースペクティブ　18／社会が個人を外側から拘束する　19／女性の自殺率が低いのはなぜ？　20／三つのパースペクティブからジェンダー問題をみると　21／おわりに　22

2 ── 生物学的性差とジェンダー　　　24

はじめに　24／生物学的性差の多様性　24／性的指向性とトランスジェンダー　25／生物学的性差が男女の役割を決める？　27／ジェンダーがセックスを規定する？　27／「セックス」の発明　28／分類という人為的行為　29／なぜオス，メスがあるのか　31／脳における性差　32／生物学的性差と性差別　33／リプロダクティブ・ヘルス／ライツの重要性　33／おわりに　34

3 ── 文化の中のジェンダー　　　36

文化によって違う男女の役割　36／「男性的」社会／「女性的」社会　37／日本は「男性的」な社会？　37／マーガレット・ミードの「発見」　39／ミードへの批判　40／男が文化で女は自然？　41／普遍的に存在する男女の二項図式　42／近代社会とジェンダー　45／新しい男女の関係の構築に向けて　46

4 ― 歴史の中のジェンダー　　48

はじめに　48／「家政学」はもともと男のもの　49／近代工業社会とジェンダー　50／労働力の再生産労働　51／変容する男女の力関係　52／「主婦」の誕生　52／「母性愛」の成立　53／ファッションの中のジェンダー　54／ジェンダー化された社会としての近代　55／ヴァナキュラーなジェンダー　56／日本の歴史の中のジェンダー　57／近代化とジェンダー　59／おわりに　60

5 ― 性差別とジェンダー　　62

性差別とは？　62／人権思想の広がりの中で　63／女性の権利の宣言　63／ルソーの中の性差別　65／リベラル・フェミニズム　65／女性の世界史的敗北　66／社会主義と性差別　67／「現実の社会主義」の下でのジェンダー平等　68／労働運動とフェミニズム　69／「名前のない問題」／ラディカル・フェミニズムの登場　69／日常意識に潜む性差別　71／多様なフェミニズム　71／国際的に広がる性差別克服の動き　72／ジェンダー・エンパワーメント指数（GEM）　73／性差別克服に向けた日本政府の動き　75

6 ― 性暴力とジェンダー　　77

性暴力をめぐる新しい視点　77／言葉が生み出した新たな人権への視座　78／性暴力撤廃への国際的な動き　78／ドメスティック・バイオレンス　79／顕在化しにくい性暴力　80／被害者が責められる構図　81／学習された無力さ　82／被害者が安心して声を上げられる環境作り　83／男性問題としての性暴力　83／ヘゲモニックな男性性　84／男性性の三つの傾向　84／傷つけられた男らしさ　86／男性の女性への依存性　86／加害者教育プログラム　87／予防プログラムの重要性　88／人身取引および売買春にどう向き合うか　89／おわりに　91

7 ──「女らしさ」という課題　　93

女であることの「得」？　93／女で「損」をしたこと　94／作られる「女らしさ」「男らしさ」　95／ジェンダー・ステレオタイプ　96／幼児体験とジェンダー　98／メディアが作るジェンダー意識　100／再生産されるジェンダー構造　101／男性の女性観　102／女性のエンパワーメントに向けて　102

8 ──「男らしさ」のゆくえ　　105

「男」というジェンダー　105／「男性問題」の時代　106／いじめ自殺とジェンダー　107／過労死問題と男らしさ　109／急増する中高年男性の自殺　110／増加する定年離婚　111／濡れ落ち葉から夫在宅ストレス症候群まで　112／「男性運動」の展開　113／多様な男性運動　114／男性差別への告発　115／父親運動の動き　116／ミソ・ポエティック運動　116／プロミスキーパーズ　117／日本における男性運動　118／おわりに　119

9 ──労働とジェンダー　　120

人間にとって労働とは　120／性別役割分業の仕組み　120／近代的な性別役割分業の成立　121／高かった日本の女性労働力率　122／女性の社会参加が極端に低い現代日本社会　122／経済成長と男性の長時間労働　123／家族・地域の絆の崩壊　125／国際社会から30年遅れた日本の女性参画　126／女性を労働から疎外する力　128／賃金における男女格差　129／男女雇用機会均等法　130／改正された均等法　131／少子高齢社会を前にして　132／国際的な企業評価の中で　133／ワーク・ライフ・バランスに向かって　133

10 ──家族の中のジェンダー　　135

「家族」とは　135／家族の社会的機能　136／「近代家族」

という視点　136／近代日本社会と家族　137／戦後民法に残る性差別　138／なかなか進まない民法改正　139／変容する家族と家族問題の浮上　140／お父さんはとうめい人間　140／子育て，子育ち問題の背景にあるもの　141／新しい家族像　144／多様な家族に向かって　145

11——教育とジェンダー　148

役割取得と社会化　148／家庭で身につけられるジェンダー　149／学校教育と「隠れたカリキュラム」　149／ジェンダー・トラッキング　150／教育の場におけるコミュニケーション・トレーニング　151／性教育の重要性　152／メディア・リテラシー　153／非暴力のコミュニケーション　154／高等教育にみられるジェンダー課題　155／低学力化とジェンダー　156／女性研究者問題　157／社会教育におけるジェンダー　158

12——スポーツとジェンダー　160

はじめに　女性のマラソンが開始されたのは？　160／スポーツにおけるジェンダー・バイアス　161／近代スポーツとジェンダー　164／ジェンダー化の教育装置としての近代スポーツ　165／スポーツにおけるジェンダー平等　166／スポーツ研究とジェンダー　167／ジェンダーとスポーツの未来　168／身体を使う楽しさの回復に向けて　169／おわりに　170

13——セクシュアリティとジェンダー　173

はじめに　173／性的指向性と子どもたち　174／人権問題としてのセクシュアリティ　175／ホモフォビアとヘイトクライム　176／トランスジェンダーという生き方　177／セクシュアリティとは　178／クイアスタディーズの登場　179／ジェンダーとセクシュアリティ　180／セクシュアル・ライツの視点の重要性　180

14——国際社会とジェンダー　　182

はじめに　グローバリゼーションとジェンダー　182／開発とジェンダー　182／女性の地位向上に向けて　183／ジェンダーと開発をめぐる五つの政策　184／「公正アプローチ」から「貧困撲滅アプローチ」へ　185／「効率アプローチ」の失敗　186／エンパワーメント・アプローチの可能性　187／持続可能な発展のために／環境政策とジェンダー　188／サブシスタンスという視座　190／ジェンダー平等の観点に貫かれた世界に向かって　191／平和問題とジェンダー　192／おわりに　193

15——ジェンダー政策のゆくえ　　195

はじめに　195／少子高齢社会の本格化を前にして　196／ジェンダー政策の国際的展開　197／ジェンダー平等を目指して　197／暴力や差別を越えて　199／日本社会におけるジェンダー政策の展開　200／ジェンダー政策の新たな分野への拡大　201／ジェンダー政策をめぐる誤解を越えて　203／生物学的性差への配慮と性差別の撤廃　205／男女共同参画社会は専業主婦を否定する？　206／男女共同参画は家族の絆を破壊する？　208／人と人の絆の再生に開かれたジェンダー平等社会へ　208

索引……………………………………………………………211

1 ジェンダーと社会学の視点

学習のポイント

　最初に、ジェンダーという言葉の意味やこの概念が登場した背景について考えます。その上で、この概念が生み出した学問上の影響力について解説を行います。最後に、社会学におけるジェンダー研究の位置について説明を加えます。

●ジェンダーとは

　まず、「ジェンダー」という言葉の説明から始めたいと思います。簡単にいえば、「社会的に作られた性別」ということになります。日本の政府は、さらに短縮して、「社会的性別」という訳語を与えています。

　ジェンダーという言葉は、もともとは言語学上の用語として使われていました。フランス語やドイツ語では、今でも「女性名詞」や「男性名詞」、あるいは「中性名詞」などがあります。こうした言語における性別の問題が、ジェンダーという用語で説明されてきたのです（なぜ、言葉に性別があるのかという問題については、第3章「文化の中のジェンダー」でもう少し詳しく説明する予定です）。

　もともとは、言語学の文法上の用語であったこのジェンダーという用語が、社会的に作られた性別あるいは社会的性別という意味で一般に広く使われるようになったのは、1970年代から80年代くらいのことでした。その背景には、1960年代末頃から大きく国際的に広がった女性運動の新しい展開という歴史的な動きがあったのです。

それまで，世界中の国々で，性別による固定的なものの見方が根強く存在していました。例えば，「女性は意思決定に参加しない方がいい」とか，「家事や育児は主に女性の仕事だ」というような，性別に関わる固定的なものの見方や考え方です。そして，この「男だから，女だから」という固定的なものの見方が，偏見や差別に結びつくということがしばしばありました。

　しかし，1960年代になると，「女性が女性だという理由で社会参加を制限されるのは問題だ」という当然の声があらためて広がりました。

　歴史をみても，さまざまな形で政治の場で力を発揮した女性はたくさんいます。ではなぜ，性別による差別や排除があるのか。そこには生物学的な性差とは違う男女の分け方の問題，固定的な決めつけの問題があるのではないかという声が広がったのです。

　社会的に作られた性別，ジェンダーという視点は，この問題に明確な解答を与えてくれる言葉として登場したのです。

● ジェンダー・バイアスの存在

　もちろん，男性と女性には生物学的な性差があるのは，いうまでもありません。例えば，男性には妊娠・出産という生物学的な機能は存在しません。しかし，だからといって「育児は女性がするべきだ」といえるのでしょうか。実際，男性にも，直接の授乳以外のことなら（冷凍母乳などを利用すれば男性にも可能です），育児に関わるたいていのことはできるのです。例えば，男性の中には「俺は男だから料理なんかできない」というような方がよくおられます。でも，そうであれば，レストランのシェフは，女性ばかりになってしまうはずです。むしろ女性のシェフはきわめて少ないのです（それ自体大きなジェンダー問題です）。

　性別をめぐる，「生物学的に決まっている」とか「これが自然なこと

だ」という言い方の背景に，実はさまざまな偏見があるのです。

　男女の生物学的な性差，自然の生み出す性差とは異なるレベルで，私たちのものの見方や考え方の中に「男だからこうだろう，女だからこうだろう」といった固定的な思い込みがあります。これをジェンダー・バイアスといいます。バイアスとは，偏見や偏向という意味です。現代社会には，まだまだこのジェンダー・バイアスが根強くあります。このジェンダー・バイアスを，人権の視点も含めて，変革していこうという声が，ここ30年くらいの世界の大きな流れになったのです。

● **セックスとジェンダー**

　ジェンダーに対して，生物学的な性差のことをセックス（sex）という言葉で表現することがあります。生物学的な性差「セックス」に対して，社会的に作られた性別「ジェンダー」という分け方です。私たちの社会には，生物学的な性差とは別のレベルでの，男女という社会的な枠づけ「ジェンダー」が存在しているということです。

　ただし，このジェンダーとセックスを，相対立するものとして簡単に二つに分けることはできません。生物学的な性差であるセックスと社会的性別としてのジェンダーが，微妙に絡んでいるような領域もみられるからです。このセックスとジェンダーの関わりについては，次章でもう少し詳しく考えたいと思います。

　現代社会において問題なのは，ジェンダーという性別に関わる枠づけが，差別や排除に結びついている場合があるということです。もちろん「すべての男女の区別は，問題である」などというつもりはありません。しかし，ジェンダーによるバイアスが，さまざまな社会的差別や排除に結びつくのであれば，それはやはり是正していかなければならないでしょう。

●**女性差別とジェンダー**

　ジェンダーをめぐる差別や排除の問題という時に、これまで俎上に上せられてきたのは、多くの場合、女性をめぐる差別の問題でした。私たちのものの見方や考え方や行動の仕方に、性別による固定的な決めつけがしばしばあります。それが結果的に女性を差別したり、社会的に排除したりしてきました。特に現代の日本の社会は、他の国以上にそうした差別や排除が根強い社会だといわれています。

　国連が毎年発表しているジェンダー・エンパワーメント指数という指標があります。それぞれの国がどれくらい女性の社会進出を進めているかを示す指数です。この指標でみると、日本は、データのある世界80か国ぐらいのうち、40位台ぐらいのところにあります。もちろん経済の発達した諸国の中では、女性の社会進出という点で最低レベルという状況です（この問題については、性差別問題の章で、さらに詳しく論じます）。

　「これは問題だ」ということで、日本政府も改善のための政策を整備しつつあります。いわゆる「男女共同参画社会」形成の動きです（これについては、最終章でまた議論します）。

●**男性というジェンダー**

　では、男性は、ジェンダー問題に無関係かといえば、そんなことはありません。男性もまた、男だからということでジェンダーの縛りによってしばしば無理を強いられることがあります。例えば、中高年男性の自殺がなぜ高い比率で持続しているのかとか、なぜ男性は過労死しやすいのかといった問題が思い浮かびます。実は男性自身も「男だからこうすべき」という過剰な思い込みによって、かなり無理を強いられて、苦し

んでいるのです。こうした男性をめぐるジェンダー問題という視点も含めて，私たちは，ジェンダーについて考える必要があると思います（第8章で詳しくふれます）。

●学術分野におけるジェンダー視点

性差別撤廃という社会的な動きとともに，このジェンダーという視点の登場は，学術分野においても大きな方向転換を生み出しました。

例えば，歴史は，しばしば男性中心で描かれてきました。それゆえ，女性の存在は，周辺に追いやられたり，無視されたりしてきました。それなら，これまで周辺に追いやられてきた女性に焦点をあてて歴史を読み直していくとどうなるのでしょうか。当然，それまで見えなかった歴史の姿が立ち現れてくるのです。そのことは，これまでの歴史学のあり方の問い直しを要求することでもあります。

同じようなことは文学においてもいえます。文学の書き手も多くの場合男性でした（日本は，他の社会と比べて，古代から女性の作家がたくさんいた社会です。それでも日本の文学史をひもとけば，男性中心の文学の歴史になるでしょう）。だから，文学作品もまた，しばしば男性の視点から批評されてきました。これを女性の視点で見直したらどうなるでしょう。当然，そこには従来の文学の読み解き方と異なる新しい観点が登場する可能性があるわけです。

あるいは，女性が書いたからということで，これまであまり高く評価されなかった作品を，女性の視点で読み解くとどうなるか。そこから，従来，男性たちが気づかなかったような新しい問題提起が生まれたりしたのです。

経済学や政治学，あるいは社会思想研究などという分野でも同様です。多くの思想家は男性です。こうした男性たちの発想の中に，無自覚なま

ま男性中心の考え方がひそんではいないか。そうした観点で、思想を分析していけば、思想の歴史そのものを読み替えるということにもつながっていくはずです。

こうして、人文科学や社会科学において、ジェンダーの視点の発見は、大変重要な役割を果たしました。現在では、スポーツ研究や医学、さらに生物学や科学史等、自然科学分野においても、ジェンダーという視点を持ち込む動きが始まっています。

● **社会学とは？**

ところで、この講義は、ジェンダーの社会学というタイトルを持っています。つまり、社会学の観点からジェンダーの問題を考えることが、この講義の主題です。実は、社会学とジェンダーとの間には、深い関わりがあります。というのも、さまざまな学問分野の中で（少なくとも日本では）、おそらく、社会学が最も早い段階でこのジェンダーの問題に目を向けた研究分野の一つだったからです。

ここで、社会学について、ちょっとふれておきたいと思います。というのも、この「社会学」もわかるようでわかりにくい学問だからです。

社会学は、「社会」を対象にする学問だということは、一目瞭然でしょう。では社会学が扱う、この「社会」とはいったい何でしょう。これは、大変答えにくい質問だと思います。というのも、「社会」は目に見えないからです。

「社会」とは何か。この問いには、社会学が扱っている「社会」について説明すると、ちょっと理解していただけるかもしれません。簡単にいえば、人と人との相互作用のプロセスや関係の作られ方、つまり社会関係や人間関係がいかにして形成され、維持されているか、さらにそれが、どのように変化するか、変化してきたか。こうしたことが、社会学

が扱う「社会」というテーマだろうと思います。

ただし，現在，社会学は，ある意味で，「水増し」状況にあります。つまり，下に社会学をつければ何でも社会学になってしまうようなところがあるのです。「テレビの社会学」とか「競馬の社会学」というような「社会学」はよく目にします。

このように，さまざまな形で「社会学」を名乗る本などが出回っているため，社会学という学問のイメージは，さらにまとまりにくい状況になっています。

●成立時の社会学の課題

物事の本質について考えるために，起源にさかのぼるというのは，一つの方法になります。つまり，「社会学とは何か」を考えるために，「社会学は，いつ何を目的として誕生したのか」を考えてみるということです。

何よりもまず，社会学は，近代社会の誕生とともに成立した学問といっていいだろうと思います。近代社会の成立によって，それまでの身分制の秩序に裏付けされた古い共同体が壊れ，個人主義の時代が始まります。自由な個人，平等な人間というような考え方が，多くの人に共有されるようになるのです。これは，当然，人類の歴史にとってプラスだったと思われます。

しかし，こうして登場した，人間の自由と平等という新しい原理が，逆に社会の不安定を招いてしまうということもありました。

個人の自由は，行き過ぎるとエゴイズムを生み出します。一人一人が勝手に「個人の自由」を叫べば，社会は安定しなくなるのは当然です。

同様に，平等原理というのも，問題を生み出します。近代社会以前の社会であればさまざまな身分の縛りがありました。つまり，農奴として

生まれた人は基本的に農奴として死んでいくわけです。彼ら彼女らは，王侯貴族が抱く欲望は，抱きようがないわけです。ところが，近代社会になると人間は平等だということになります。そこでは，誰でもが，「貴族の欲望」を抱くことが可能です。つまり，前近代社会では，さまざまな規制や秩序の枠の中で抑えられてきた欲望が，近代社会では，全面的に開花することが可能になるのです。これは，欲望の肥大化につながります。すべての人が，よりよいものが欲しいという形で，欲望を拡大していくのです。これもまた，社会の不安定状況を招きかねないわけです。

近代社会は，自由や平等の原理で人間を解放してくれました。しかし，その一方で，エゴイズムの蔓延や欲望の肥大化といった形で，社会を不安定化させたともいえるのです。

それなら，個人の自由や平等という近代社会のプラス面を維持しながら，他方で，エゴイズムや欲望の無規制状況といった社会の不安定化を解決していくにはどうしたらいいのか。そうした問いかけが，社会学の成立の背景の一つだったと私は考えています。

●社会学の三つのパースペクティブ

こうして，「よりよい社会」を構築するための学問として社会学が誕生したわけです。

この社会学の成立期に，三つぐらいの社会学独自のパースペクティブが形成されました。

一つは，個人から出発して社会を考えるような社会学です（これを，方法論的個人主義の視点と呼ぶことがあります）。もう一つは，社会を，個人を超えた存在としてみるという見方でした（方法論的個人主義に対応して，方法論的「社会」主義と呼ばれます）。最後に，社会とは，人

と人との相互作用，集団と集団の相互作用の中で持続的に作られている，という見方があります。

最後の，社会を相互作用の網の目としてみる考え方は，たぶん，最も理解しやすいだろうと思います。

また，個人から出発して社会をみるという見方も，わりとわかりやすい視点でしょう。ただし，個人から出発するとはいっても，ばらばらの個人を扱うのでは，社会学にはなりません。社会学が当初考えた個人から出発した社会の見方では，個人が常に他者を意識しながら行為をするという点に注目しました。これを社会的行為と呼びます。ここでは，他者を意識しながら行為する人間による，社会関係の意味づけに焦点が当てられます。

●社会が個人を外側から拘束する

おそらく，「社会は実は個人に先立って存在する」という観点が，最も理解しにくいパースペクティブだろうと思います。

個人から出発する社会学は，マックス・ウェーバーという人が代表的な論者ですが，この社会から出発する社会学の代表的な論者は，エミール・デュルケームです。

デュルケームは，『自殺論』という本の中で社会が個人を縛るということについて，きわめてうまく説明しています。例えば，彼は，スイスの各州の自殺率の違いについて，次のように説明します。

スイスのカトリック系の地域とプロテスタント系の地域で比較をしてみると，圧倒的にプロテスタント系の地域の方が自殺の死亡率が高い。これはなぜか。デュルケームは，こう説明します。カトリックは教会を中心として共同体的な関係性が強い宗教教団です。ところがプロテスタントというのは，個人と神が直接対話をするという形で宗教を考えてい

ます。つまり、プロテスタントは、カトリックと比べて、個人主義的な傾向が強いのです。つまり、共同体的な仲間関係が維持されているカトリックと比べて、個人化しやすいプロテスタントは、一人一人が孤立化しやすい。だから、自殺の傾向がより強くなるのだ、という分析です。つまり、その個人が属している社会集団の特性が、結果的にその個々人の行為を縛っているというわけです。

●**女性の自殺率が低いのはなぜ？**

　実は、この自殺をめぐる議論の中で、デュルケームは、ジェンダー問題に関して、大変興味深いことをいっているのです。

　自殺について調べていくと、圧倒的に男性の方が自殺の死亡率が高いのです。これは、現代でも多くの国でみられる現象です。デュルケームは、その理由を、こう分析します。まず、男性の方が社会参加をしている割合が高いため、ストレスにさらされやすいからだという見方が提示されます。これは、きわめて社会学的な説明だと思います。

　ただし、同時に、彼は、こんなふうにもいっているのです。

　「実際女性は一般的にいって精神生活がそれほど発達していない。言い換えれば女性は男性よりも本能に支配されやすいため、心の平安を見出すためにはただ本能に従うだけでよいのである」（デュルケーム、1968、234頁）。

　簡単にいえば、女性は精神的な発達が遅れているから自殺する割合が低いのだ、ということです。この見方は、現在からみれば、きわめてジェンダー・バイアスのかかった見方といえるでしょう。

　デュルケームのような偉大な社会学者の中にも、ジェンダー・バイアスがひそんでいるのです。というよりも、偉大な思想家といわれる人の中にも、ジェンダーの視点からみると、デュルケーム以上に、ひどい

ジェンダー・バイアスに縛られている男性はたくさんいます。このことも，私たちがきちんと考えなければいけない問題だと思います。

● **三つのパースペクティブからジェンダー問題をみると**

ジェンダーの問題に戻ったところで，ここで，これまでとりあげた三つのパースペクティブから，ジェンダー問題について考えてみましょう。

最初に，社会は相互作用の網の目だという見方で，ジェンダーをみてみましょう。この視点は，私たちがどのようにしてジェンダーを身につけていくのかという問いに一つの回答を与えてくれるのではないかと思うからです。

私たちは，生まれた時には，生物学的にはオスやメスですが，ジェンダーという面では，白紙の状況であると考えられます。しかし，やがて，親やきょうだいや地域社会の人たちと相互作用をしながら，次第次第に男の役割や女の役割というようなパターンを身につけていきます。成長した後も，相互作用の中で，ジェンダーは，繰り返し補強されていきます。

同様に，個人から出発した社会学の観点からも，私たちを縛るジェンダーの問題を説明することができます。私たちは，他者に配慮しつつ，自分の目的を達成しようとするというのが，社会的行為論の視点です。他者と関わる行為において，私たちは，他者と共有されていると考えられるルールを意識します。そうすることで，相手の行為を予想し，より効果的に目的が達成できるからです。ジェンダーという視点で考えると，これまで，他者と共有されているルールは，「男はこうあるべきだ，女はこうすべきだ」という仕組みになっていました。つまりジェンダー構造が形成されていたのです（構造というのは安定した持続性のある仕組みのことです）。

見方を変えれば，こうしたジェンダー構造は，デュルケームがいったように，私たち個々人の行為や考え方を外側から縛ってしまう仕組みでもあります。まさに，「社会」が個人を外側から拘束しているということです。

　ジェンダーの仕組みは，社会の中での相互作用を通して形成され，他者との行為の中で常に意識され，さらに，その仕組みが，変えようのないもののように，個人を縛ってしまうというわけです。

　だから，ジェンダーの構造は，なかなか変わりにくいのです。そして，だからこそ，こうした固定的なジェンダーの仕組みがずっと続いてきたわけです。

● おわりに

　しかし，ジェンダーの視点の発見にみられるように，現状のジェンダー構造が，時に性差別や性による排除につながるということが議論されるようになりました。ジェンダーという観点にたってみても，私たちの社会は，解決すべき多くの問題を抱えているのです。

　社会学は，自分たちの暮らす社会を見つめ直すことで，そこに生じている諸問題を発見し，「よりよい社会」を目指して，何をするべきかを提案することが，その重要な役割だと思います。

　だからこそ，ジェンダーの視点にたった，社会学が，今，求められているということだろうと考えています。

● 学習課題

　現代日本社会において，「女性であるがゆえにこうむっている差別や不利益」「男性であるがゆえに感じている差別や不利益」について，考えてみてください。

●引用・参考文献

伊藤公雄・牟田和恵編『新版　ジェンダーで学ぶ社会学』世界思想社，2006年

伊藤公雄・國信潤子・樹村みのり『女性学・男性学——ジェンダー論入門』有斐閣，2002年

デュルケーム，エミール「自殺論」（宮島喬訳）『世界の名著　58　デュルケーム，ジンメル』中央公論社，1968年

2. 生物学的性差とジェンダー

> **学習のポイント**
>
> ジェンダーの視点を生物学的性差との関連で位置づけます。なぜオス,メスがあるのかといった議論や性の多様性についてふれた上で,社会的に構築されたものであるジェンダーの視点の意義について考えます。

● はじめに

前章では,ジェンダーを社会的に構成された性別として位置づけました。また,ジェンダーに対応する形で,生物学的な性差をセックスと呼ぶということも,述べさせていただきました。

この章では,このセックスつまり,生物学的性差とジェンダーとの関係について考察していきたいと思います。

● 生物学的性差の多様性

私たちは,ともすると生物学的性差という時,オスとメスの二つの種類しかないと考えることが多いと思います。しかし,実は,セックスという面でも,人間は単純に二つの種類に分類しきれないのです。

そもそも女性ホルモンや男性ホルモンのバランスも人によって多様性があります。男性器と女性器とを合わせもった両性具有者＝半陰陽者(最近はインターセックスとも呼ばれます)は,古代から存在していました。これと関連しますが,性染色体の面でも,人間の性は,二つに分類しきれるわけではないのです。例えば,XYYとY染色体を通常の

「男性」よりも一つ多く持った人間の存在も報告されています。逆に，「女性」とされる方の中にXOとX染色体が通常の「女性」より一つ少ない人もいるし，XXXとX染色体が一つ多い人もいるのです。つまり，私たちの生物学的な性のあり方は，必ずしも単純に二つに分けられるわけではないのです。

　もちろんここでとりあげた例は，出現率はきわめて小さい性のあり方です。人間の多くは，オスとメスの二形にだいたい分類できるのも事実なのです。とはいっても，一人一人は多様性があります。生物学的に極端な「男」という軸と極端な「女」という軸をたてれば，私たちの性は，生殖器，ホルモン，染色体といった要素からみて，この両極端の間のどこかに位置するという視点で把握することもできることでしょう。

● **性的指向性とトランスジェンダー**
　性的指向性という点でも，私たちの性は多様です。異性にのみ性的な関心をいだく人（異性愛＝ヘテロセクシュアル）もいれば，逆に，同性にのみ性的な関心がある人（同性愛＝ホモセクシュアル）もいるからです。さらに両性に性的関心を持つ人（両性愛＝バイセクシュアル）もいるのです。

　現在では，多くの文化において異性愛者が多数派ですが，同性愛者は，人口の1割程度は存在するともいわれています（このことについては，第13章の「セクシュアリティとジェンダー」の章で詳しくふれます）。

　「自分が，男であるあるいは女である，さらに中性である」という性についての自己認識を「ジェンダー・アイデンティティ（性自認）」と呼びます。このジェンダー・アイデンティティと生物学的な性が異なっている人もいます。いわゆる「性同一性「障害」」の人たちです。彼・彼女たちの多くは，「自分の身体は，自分の性自認と異なる」ことで悩

表2-1

外性器・内性器	性染色体	性ホルモン	性自認	性的指向性	性表現
男性器のみ	XYY XY ・	テストステロン (男性ホルモン) の多少	男性	男性	「男性」的
インターセックス (半陰陽)	XXY XXXY ・ XO		中性	両性	「中性」的
女性器のみ	XX XXX ・ ・ ・	エストロゲン (女性ホルモン) の多少	女性	女性	「女性」的

(注) 横のラインは、必ずしも一致しませんので、縦線に従って項目別に読んでください。

んできました。最近、やっとこうした人々のための性転換の手術が日本でも承認されるようになったのはご存じの通りです。また、(いくつかの条件の下でではありますが)戸籍上の性別の変更も、法律で認められるようになっています。

　また、性表現という点でも多様性があります。生物学的には男性だが女性の服装を好む人、あるいは女性で男装の方が好きな人、もちろん、性を感じさせない中性のスタイルが好きな人もいるでしょう。こうした、ジェンダーを越境しようとする人たちを、トランスジェンダーと呼びます(このことについても、第13章でふれます)。

　表2-1は、これまで述べてきた、私ちの性に関わるいくつかの要素をまとめたものです。これを見ると、私たちの性が、単純に「男／女」

の二分類では整理できないということがよくわかるでしょう。

● **生物学的性差が男女の役割を決める？**

　次に、ジェンダーとセックスの関連について考えてみましょう。私たちの「常識」の世界では、ジェンダーはセックスに規定されているという発想がまだまだ根強いと思います。「女性は生物学的に男性より体力がおとる。だから、男性の方が、さまざまな力仕事を分担し、女性は補助的な労働をするのが自然だ」とか「女性は子どもを産む、だから子育ては女性に向いている。それゆえ、男が仕事、女が家庭という分業は自然なことだ」といった発言は今でもよく聞かれます。

　「育児は女性に向いている」という意見には、男性が育児に積極的に関わる文化はそれほど珍しくはないと、反論することができます。日本の江戸時代の育児書の研究をした太田素子によれば、当時の育児書の読者対象は、ほとんど父親で、母親を対象にしたものは少ないといわれています。もっとも、その背景には、子育てのような大事なことは家長の仕事であり、こんな重要なことは愚かな女たちにはまかせられない、という差別的な発想があったらしいのですが。

　実際、幕末から明治初期に日本に来た外国人は、日本の父親たちが子育てに積極的に関わっている姿に驚いていたほどです。こうした外国の人が書いた日本滞在記の中には、職場に子どもを連れていく父親の姿なども描かれています。まるで、現在の北欧社会のような日本の男性の姿です。

● **ジェンダーがセックスを規定する？**

　つまり、多くの人が考えているようには、セックスは、ジェンダーを全面的に規定しているとは限らないのです。

それどころか，最近のジェンダーをめぐる議論では，セックスがジェンダーを規定しているのではなく，むしろ，ジェンダーがセックスを規定している，という指摘さえ生まれています。

すでにみたように，私たちの生物学的性差は，男女と簡単に二分できない多様性を持っています。ところが，多くの文化は，男女という二元論でものを考える仕組みを持っているのです（このことについては，第3章の「文化の中のジェンダー」で詳しくふれる予定です）。この人為的な分類である男女の二項図式（ジェンダー）から，生物学的な性差が把握されると，個々の存在の性的多様性は見失われ，すべてが男女という二項の枠組みの中にまとめられてしまいます。その結果，「女（はこう）」「男（はこう）」というあらかじめ設定された固定的な枠組みに，個々の能力，個人の人格もまた回収されてしまうというわけです。

実際，「女性は子宮で考える」とか「女に政治は向かない」などといった男性たちの発言を今なおよく聞くことがあります。この発想の背後にも，明らかに生物学的に規定された男女の違いを，社会や政治の文脈に持ち込みそれを絶対化・固定化する意識が見出せるでしょう。

その結果，女性の声は「意識の低い」「直感的で」「とるにたらないもの」として一段低くみられるようになり，さまざまな政策決定や意思決定の場から女性は排除されてしまうことさえあるのです。

● 「セックス」の発明

ジェンダー，つまり人間を性別により二つに分ける見方が，オス，メスという生物学的性差に影響を与えているという点で，大変興味深い研究があります。トマス・ラカー『セックスの発明』です。

ラカーによれば，生物学的な性差が強く意識されるようになるのは，近代社会になってからだというのです。もちろん，前近代社会にも男性

・女性の性別についての意識はありました。ただ，両者が生物学的に極端に異なる存在だということは，あまり意識されていなかったというのです。ラカーは「ワン・セックス・モデルからツー・セックス・モデルへ」という視点で，この変化について述べています。前近代社会では，男女の区別や役割分担は，むしろ今より強かったかもしれません（このことについては，第3章，第4章でふれます）。しかし，生物学的には，男女の違いは，現在ほどは，はっきりとは認識されていなかったのです。

当時西洋社会で支配的だったのは，女性とは，熱が不足しているために本来なら体外に押し出されるべきペニスが，体内にとどまった不完全な男性なのだ，というアリストテレスに由来する考え方だったのだそうです。つまり，男性が人間の基本モデルで，女性は，男性になり切れなかった未完成の人間というわけです。

ところが，今ほどには強調されていなかった生物学的性差が，近代社会になると，一人一人がオスかメスか，という自覚を迫られるようになるのです。それまで生物学的には「ワン・セックス・モデル」だったものが，男，女という「ツー・セックス・モデル」に社会が移行してくるというわけです（このメカニズムの背景にある社会の変容についても，第3章，第4章で考えます）。

●**分類という人為的行為**

ワン・セックス・モデルからツー・セックス・モデルへの変化の背景には，当然，生物学の発展があるでしょう。科学の発達において，さまざまな現象を，精密に分類し，区分けすることは大きな意味があったからです。

しかし，この分類をする側の視点によって，分類の仕方が変わるということも私たちは考えなければなりません。

生物学者の池田清彦は『分類という思想』(新潮社, 1992) の中で, 文化に応じて虹の色の分類が変化することについて, 次のように述べています。

　「(私たちが, 7色あると分類している) 虹の色はズーニーインディアンでは5色であるといわれているし, ローデシアの一言語であるショナ語では3色, ウバンギの一言語であるサンゴ語やリベリアの一言語であるバッサ語では2色である」(21頁)。

　その上で, こう語っています。

　「色という何らかの実質があって, それに対して色の名称がついているのではないのである。我々はまず名前をつける。然るのちに名前によって分節されたかくしかじかの色が, あたかも実体のような貌をして現れてくるのである」(同)。

　つまり「すべての分類は人為的分類である。したがって, すべての分類は本来的に恣意的なものだ」(214頁) ということになるわけです。

　当然, オス, メスという二分類も, 人為的なものです。

　「(自然言語の) 男と女という名は, 人間 (あるいは生物) にまつわる様々な属性を, この二つの名の同一性へ回収しようとしてきた」(16頁) というわけです。

　人間の側が, 実際は, 個々に多様性のある生命体を, オス, メスの二つへと人為的に分類してきたのです。

　同じような観点から, ジェンダーを意味づける人文系の論者もいます。例えば, ジェンダー歴史学で著名なジョーン W. スコット (スコット, 2004, 24頁) は, 「ジェンダーとは, 肉体的差異に意味を付与する知」であると定義づけていますし, ジュディス・バトラーは, 「『セックス』と呼ばれるこの構築物こそ, ジェンダーと同様に社会的に構築されたものである。実際おそらくセックスはつねにジェンダーなのだ」

(ジュディス・バトラー『ジェンダー・トラブル』竹村和子訳，青土社，1999，29頁）と述べています。

● なぜオス，メスがあるのか

　もちろん，人間の認識が，オス，メスという区別を作り出したとはいっても，自然界にオス，メスが存在しないといいたいわけではありません。自然科学，特に生物学の発達は，オス，メスという生物のあり方について，科学的で緻密な研究を進めているのも事実なのです。

　人間が，自分なりの認識のパターンに縛られながらも，自然界の「実体」に対して，「客観的」かつ「包括的」に，しかも整合性を持って矛盾なく説明できるような説明原理を探し続けてきたからこそ，現代の科学の発達があったのも事実なのですから。

　例えば，なぜ生物には（少数の例外はあるにしても大多数の生命体において）雌雄の区別が存在するのかをめぐって，生物学は，こんなふうに考えているようです。

　「性は何のためにあるのでしょう。それは子どもの遺伝子の組み合わせを変えることにあるようです。では，なぜ遺伝子の組み合わせは変わる必要があるのでしょうか。それは少しずつ遺伝する特徴（形質）が変わった子どもができるほうが，不安定な環境の中で遺伝子が，そしてその生物の子孫が残っていくのに都合がよいからのようなのです」（吉田邦久『好きになる生物学』講談社，2001，108頁）。

　また，進化生物学では，配偶者を選択するためのさまざまな戦略（例えばクジャクは，なぜオスだけが美しいのかなど）についても，きわめて興味深い研究が次々に出されています。

●**脳における性差**

　脳科学においても，男女の性差についての研究が，最近，盛んです。平均すれば，明らかに男女の間に違いがあることが，さまざまな形で実証されているのです。

　例えば，言語に関わる中枢では，男女に差があり，言語活動を行う時，女性は左右両方の脳を使うのに，男性は左脳のみを使っているとされています。このことは，男性の場合，左脳に障害が生じると，言語機能が回復しにくいのに，女性の場合，片方に障害が生じても，男性よりも回復能力が際立って高いということからも確認されています。

　他方，空間認知については，一般的に男性の方が女性よりも高いといわれています。

　女性の言語能力が平均的に高いことや，男性の空間把握能力が一般に女性よりも上回っていることは，脳科学とともに心理学の実験などでも確かめられています。

　それなら，男女は生まれながらにして，それぞれの脳の機能は決まってしまっているのか，といえば，そんなに簡単ではありません。というのも，この男女差は，あくまで，平均レベルの問題で，空間認知力の高い女性もいますし，言語能力にたけた男性がいるのは，誰でもご存知の通りです。

　また，人間の能力は，先天的なものとともに，生まれた後の社会環境の影響が大きいというのも忘れてはならない事実です。

　脳科学の専門家である田中（貴邑）冨久子は『女の脳・男の脳』（日本放送出版協会，1998）の中で，脳においても生物学的な性（セックス）と社会的な性（ジェンダー）があると明らかにしています。つまり，出生前に生物学的に決定されているのは，（扁桃体，中隔核，基底核，間脳，中脳，橋，延髄等の）「古い脳」にみられ，他方，（大脳皮質，大

脳髄質，海馬などの）「新しい脳」は，出生後の環境刺激によってできてくるというものです。両者は相互に影響し合うし，古い脳の部分は変化しにくいが，新しい脳は，可塑性が高い（変化しやすい）のだそうです。

●生物学的性差と性差別

　人間に生物学的性差があるかないかといえば，生物学や生理学の観点からみれば，明らかに平均的に男女には差がみられます。

　問題は，こうした生物学的性差を口実に，社会的な差別や偏見が生み出されるということにあるのです。

　第15章でもふれますが国連の女性差別撤廃条約をよく読めば，そのことははっきり理解できるはずです。つまり，男女の生物学的性差，特に，多くの女性が，妊娠・出産の機能を持つ「産む性」であるということについては，それに十分配慮することが求められているからです。

　繰り返しますが，性差別撤廃の要求が求めているのは，「生物学的性差をないものにせよ」とか「無視せよ」ではありません。生物学的な性差を理由とした差別や偏見を撤廃することなのです。

●リプロダクティーブ・ヘルス／ライツの重要性

　だからこそ，国際社会は，「リプロダクティーブ・ヘルス／ライツ」の視点を強調するようになっているのです。

　日本語で「性と生殖に関する健康」と訳されている「リプロダクティーブ・ヘルス」の概念については，1994年カイロで開催された国際人口開発会議の定義がしばしば使われています。そこには，「妊娠・出産のシステムおよびその機能とプロセスに関わるすべての事象において，単に病気や異常が存在しないだけでなく，身体的，精神的，社会的

に完全に良好な状態」をさすと明記されています。

　また,「リプロダクティーブ・ライツ」とは, こうした性と生殖に関わる自己決定権を意味しています。つまり, 差別や強制や暴力にさらされることなく, 性と生殖について自由にまた責任をもって決定できる権利のことです。

　「リプロダクティーブ・ヘルス／ライツ」を, まとめていえば,「それぞれの個人, 特に, 妊娠・出産の機能を有する場合の多い女性たちが, 生涯にわたって, 避妊・妊娠・中絶・出産のすべてのプロセスにおいて, 他者(しばしば男性であることが多い)の強制ではなく, 自ら決定する権利が確立されるとともに,身体的・精神的・社会的に健全な状況(Well-being)を確保すること」, ということになるでしょう。女性の自己決定権の確立とともに, 男性の側にとっても, 女性の性と生殖(さらには自分たち男性同士の性とセクシュアリティ)をめぐる自己決定権の尊重の意識形成が必要になるのです。他者に強制しない, 強制されない性と生殖をめぐる関係の確立は, 今後は, 男女双方に問われる課題なのです。

● おわりに

　ジェンダーとセックスの関わりをめぐる議論は, 今, やっと本格的に始まったばかりです。

　1999年, アメリカ合衆国の国立科学アカデミーに設置された「セックス差とジェンダー差の生物学を理解するための委員会」は, 先入観にとらわれない形で, 脳研究や疾病における男女差の研究を徹底して進めることの必要性について提言を行っています。こうした生物学的性差についての研究は, 今後, ますます重要になるでしょう。

　と同時に, この提言は, 最後に, こう付け加えています。「固定済みの性差をもとに, 差別が行われる危険性を減少させるべきである」と。

生物学的・生理的性差についての十分な知識の蓄積は，性差別を固定化させるために用いられるのでは意味がありません。それどころか有害なものになるでしょう。問題は，性差別なき社会を生み出すという「正義」の実現のために，「客観性」に基づいた科学的知見をどう活用するのか，ということにほかならないからです。

● 学習課題
　生物学的性差についての研究書を読み，そこからジェンダーという課題との関わりについて，考察してみてください。

● 引用・参考文献
太田素子『江戸の親子』中公新書，1994 年
スコット, J. W.『増補改訂版　ジェンダーと歴史学』(荻野美穂訳) 平凡社，2004 年
長谷川真理子『クジャクの雄はなぜ美しい』(増補改訂版) 紀伊國屋書店，2005 年
ラカー, T.『セックスの発明』(高井宏子・細谷等訳) 工作舎，1998 年
ラセット, S. E.『女性を捏造した男たち』(上野直子訳，富山太佳夫解題) 工作舎，1994 年

3 文化の中のジェンダー

> **学習のポイント**

社会的な構築物であるジェンダーは、文化の違いによって変化をみせます。男が「文化」で女は「自然」といった議論も出されています。文化とジェンダーの関わりについて考察を加えます。

●文化によって違う男女の役割

ジェンダーが社会的に作られたものであるということは、文化によって男性の役割や女性の役割が異なることがしばしばみられるということからも理解できます。「男性らしい行動の仕方」であるとか、「女性らしい行動の仕方」について、文化によって多様性があるからです。

レディー・ファーストの文化などもその例でしょう。アングロサクソン系の社会では、女性に対して、男性が、ドアを開けたり、席を譲ってあげることが、ある種のルールになっています。でも、日本で、男性が同じことをすれば、「ちょっとキザなやつ」とみられるのではないでしょうか。

男女間で職種が異なるということがよくみられますが、これも文化によって違いがあります。さまざまな文化の違いを調査したヘールト・ホフステードの『多文化世界―違いを学び共存への道を探る』には、こんな例が挙げられています。

「旧ソ連では、女性が医者の圧倒的多数を占めており、ベルギーでは歯医者を、西アフリカのある地域では小売店主の仕事を女性が独占して

いる。パキスタンではタイピストの仕事は男性が独占しており、オランダにはかなりの数の（男性——伊藤注）看護士がいる。女性の管理職は、日本には事実上ほとんどいないが、フィリピンやタイではかなり多い」（ホフステード，1995，84頁）。

● 「男性的」社会／「女性的」社会

　先ほど引用したホフステードは、世界53か国地域（50か国と3つの地域）のIBMの社員調査をしています。この調査によると、「男性らしい社会」と、「女性らしい社会」が、明確に区別できるのだそうです。「男性らしさ」を特徴とする社会では、社会生活の上で男女の性別役割がはっきりと分かれているといいます。こうした文化を持つ社会では、男性は自己主張が強く、たくましく、物質的な成功を目指すものだと考えられています。他方で、女性は、男性よりも謙虚で、優しく、生活の質に関心を払うものだと考えられているのだそうです。

　他方、「女性らしい社会」では、社会生活の上で、男女の性別役割が重なり合っているといいます。男性も女性も謙虚で優しく、生活の質に関心を払うものだと考えられているわけです。

　ちなみに、この研究によれば、日本は、この53か国地域の中で、最も男性らしい社会と分類されています。一番女性らしい社会、つまり男性らしくない社会は、スウェーデンということになっています。

● 日本は「男性的」な社会？

　ホフステードのいうように、「日本文化は男性的だ」と、現代ではよく指摘されます。しかし、伝統的に日本文化は「男性的」なのでしょうか。

　日本文化が「男性的」か「女性的」か、という議論をする時に、興味

深い例があります。江戸時代の思想家，本居宣長の議論です。彼は大和心とか大和魂ということについて書いています。私たちは，大和魂といえば，軍国主義をはじめ「男性的」なイメージがすぐに浮かびます。しかし，宣長が大和魂とか大和心とかいう時には，「もののあはれが理解できる人」という意味を持っているのです。彼は，大和魂，大和心というものは，「たをやめぶり」，つまり「女性的」であることが，その特徴だとさえいっています。

これに対して，「からごころ」は，「ますらをぶり」，つまり「男性的」だと指摘しています。中国文化は「男性的」だけれども，日本文化は「女性的」だというのが，本居宣長のイメージなのです。

有名な「敷しまの倭（やまと）こゝろを人とはは朝日ににほふ山さくら花」という彼の和歌があります。これはしばしば勇ましい山桜というイメージで捉えられてしまいがちですが，むしろ，美しいたおやかな山桜というのが宣長の本意だったといわれています。

現在，私たちは，大和魂とか大和心というと，すごく男性的なイメージで考えてしまいます。代表的なのが，幕末の思想家として知られる吉田松陰の有名な句です。「かくすればかくなるものと知りながら　やむにやまれぬ大和魂」。松陰の活躍したのは，宣長の後50年くらいしてのことなのですが，大和魂は，短い時間で，明らかに「男性的」なものに変化しています。

私たちは，「男性的な文化」とか「女性的な文化」といいますが，見方や意味づけの仕方によって，その内容は変化するのです。なにしろ，ほんの50年で，大和魂という言葉が，女性的なイメージから男性的なイメージに切り替わってしまうのですから（歴史の中でジェンダーが変化するということについては，次章「歴史の中のジェンダー」の中で詳しく論じる予定です）。

● マーガレット・ミードの「発見」

　文化によって「男性性」や「女性性」,「男性らしい気質」とか「女性らしい気質」は，変化します。つまり，私たちが，「自然なものだ」としばしば思いがちな，「男はこう行動するべきだ」とか，「女性の行動様式はこうあるべきだ」という考え方は，文化によって規定されているのです。

　こうした議論を最初に行った研究者として有名なのはマーガレット・ミードというアメリカの女性の人類学者です。彼女はサモアの研究やニューギニアの地域研究などでよく知られています。

　ポリネシアのサモアの研究では，思春期の少年少女を対象にして調査を行い，西欧社会では強く意識されている思春期が，サモアにおいてはほとんど認識されていないということを発見したといわれています。

　後のジェンダーという考えに大きな影響を与えたのは，ニューギニアの研究です。彼女は，隣接している三つの社会集団（アラペシュ族，ムンドゥグモル族，チャンブリ族）を比較研究しています。アメリカ出身の，つまり西洋的な文化の中で育ったミードにとって，この三つの社会集団が大変変わった集団にみえたのです（Mead, 1935）。

　アラペシュ族は，男性も女性もともに「女性的」な文化を持っているようにみえました。例えば子どもの世話などは男女で一緒にしている，恋愛関係には男女ともかなり控えめだったりする，自己主張をしない，男女とも非攻撃的で，協同的で，温和な社会集団にみえたのです。

　川べりに住んでいるムンドゥグモル族は，逆で，男女ともに非常に「男性的」な集団として，彼女の目には映りました。男女ともに，好戦的で攻撃的な社会集団にみえたのです。子育てに関しては男女ともに無関心で，自己主張が強くて，残酷で，冷酷な社会集団として把握されて

います。

　チャンブリ族という湖のほとりに住んでいる社会集団は，さらに興味深いものでした。というのも，男女の役割がアメリカ社会とほとんど逆転していると，ミードは語っているからです。例えば生産労働に従事しているのは女性で，男性は美術や工芸を中心に作業している。女性の方が支配的で優越的なのに対して，男性は依存的なイメージが強い。育児についても，女性は授乳以外ほとんど子どもと接触しない（主に生産に従事しているのが女性だからかもしれません）。授乳が終わった時期からの養育は，全面的に父親が担っている。女性は攻撃的で支配的かつ活発，快活なのに対して，男性は臆病で，内気であるというのです。彼女の目からみれば，男女が逆転した社会にみえたのです。

　こうして，西欧社会とは異なる男性役割，あるいは女性役割を持った社会が，ミードによって明らかにされたのです。つまり，現在，ジェンダーという視点で語られている問題を，ミードは，この調査の中で見出したということになります。

●ミードへの批判

　現在，こうしたミードの調査には，さまざまな疑問が投げかけられています。デレク・フリーマンという人類学者は，「サモアには思春期がない」というミードの「発見」を，追跡調査によって批判しています。ミードは現地の言葉をうまくしゃべれなかったので，サモアの若者たちに騙されたのではないか，というのです。

　ニューギニアのチャンブリ族に関しても，ミードの研究を追跡調査した研究者から，疑問の声が上げられています。当時チャンブリ族は戦争に負けて，男性が自信をなくした状況にあったというのです。

　確かにミードの調査には不十分な点があったのだろうと思います。た

だし，彼女が現在のジェンダー研究に，大きな功績があったというのも事実です。チャンブリ族の例にしても，戦争に負けたという歴史的な状況は，男性たちをそれまでと違う男性役割へと役割を変化させているわけです。つまり男性の役割や女性の役割というのは生得的なものではなくて，社会や歴史や文化の文脈の中で変わっていくということなのです。こうした観点を学問的に最初に整理して提示したという彼女の功績は，高く評価してもいいのではないかと思います。

　というのも，文化が「男性性」や「女性性」に大きく関わるということは，その後の多くの研究が明らかにしていることだからです。例えば，アメリカの人類学者のデイヴィッド・ギルモアは，『「男らしさ」の人類学』という本を書いています。彼は文化によって，男らしさ，男性性というものが多様に存在しているということを調査の中で明らかにしているのです。男性が少々女性的で，女性が少々男性的にみえるタヒチの文化とか，ジェンダー図式を欠いている，つまり男女の区別をほとんどしない西マレーシアのセマイ族の文化など，文化によって多様性に富んだ男性性の存在が明らかにされているのです。

●男が文化で女は自然？
　学問分野への女性の進出にともない，1970年代から80年代頃，女性の観点から文化を見直そうという流れが生まれます。フェミニズム文化人類学の登場です。こうした研究は，その成果として，女性が自然で，男性が文化であるという分け方が，世界共通の傾向として存在していることを見出しました。フェミニズム人類学者たちですから，この問題を生物学的な理由だけで説明するのではなく，人間の生活と関わらせて分析したのは当然です。ポイントは，女性の妊娠出産という生理的な機能にあると彼女たちは考えます。この生理的性差が，文化的な男女の分割

（自然に近い女性と，文化の担い手としての男性）につながるというのです。それゆえ，現在の男性優位の仕組みを転換するには，女性の妊娠出産ということを，再度文化の文脈で意味づけ直すことが求められるというわけです。

　これはおもしろい議論です。ただし，問題点もあります。というのも，こうした議論の背景には，自然が下で文化が上であるという見方が，含まれている気がするからです。つまり男性が文化を担うので優位に立っているという観点があるのです。日本で暮らす人間にとって，文化が上か自然が上かということにすれば，自然の方が上という見方もあると思います。つまり文化が上で自然が下であるという見方は，どうも西欧中心主義の見方ではないかと考えられるのです。

● **普遍的に存在する男女の二項図式**

　フェミニスト人類学者が指摘したように，男性と女性という区分の仕方は，さまざまな違いはあっても，世界的に普遍的な現象としてあると思われます。第1章の「ジェンダー」の説明で，ジェンダーという言葉は，もともとは言語学から来ていることにふれました。ヨーロッパの言語には，男性名詞や女性名詞や中性名詞があります。つまり，言葉の中に，あらゆるものを男性女性の二つに分けるような分割がなされているということです。なぜ，あらゆるものの名前を男性女性と分割するのか。実は，こうした男女の二分割は，フランス語やドイツ語，あるいはイタリア語だけではなく，多くの言語に存在します。もっとも，文化によって，男性女性の分割の仕方は異なっています。例えばフランス語とイタリア語は同じラテン系の言葉ですが，フランス語で「海」は，「la mer」，女性名詞です。お隣のイタリアでは，海は「il mare」と男性名詞になります。

男女を基準に世界を二つに分けることは，多くの文化が行っています。しかし，分け方は，文化によって多様性があるのです。
　東洋文化においても同様です。例えば中国には，陰陽文化があります。陰と陽で世界が成り立っているのです。男女でいえば，陽が男性の領域，陰が女性の領域になります。お隣の国韓国の国旗には，まさに陰陽図式がそのまま国旗の真ん中に描かれています。
　このように，世界を男性の領域と女性の領域に分けるような分け方，これは多くの文化が共有している世界の分け方のように思われます。
　私たちは世界に直面する時に，世界を把握するために，さまざまなものを分類し，名前をつけていきます。ある一定の視点に立って，世界を分類し，把握し，意味づけることによって，安定した世界像を共有しあうという営みを，人類は，長期間にわたって続けてきたのです。この世界を把握する時の基準に，しばしば二項対立図式があります。正と反，白と黒，明と暗，というような形で，しばしば二つに分け，分類し，位置づけていくのです。
　フランスの社会学者にピエール・ブルデュという人がいます。彼は，若い時代に北アフリカのカビル社会の研究をしています。この社会では，20世紀になっても，二項図式で世界を把握していたのです。男女の二分法と重ねれば，方向，季節，時間等々，あらゆるものが，男性の時間，女性の時間，男性の方向，女性の方向，という形で分類されていたのです。例えば上とか右は男性的，下とか左は女性的，夏や昼は男性の時間であり，夜や冬は女性の時間です（図3-1）。
　こうした形で世界そのものを二分割するような見方が，あらゆる文化を通じてみられるのです。先ほどふれたヨーロッパの言語も，世界を二分割しながら把握するという見方をしていたわけです。
　繰り返しになりますが，分割の仕方は，文化によって変化します。カ

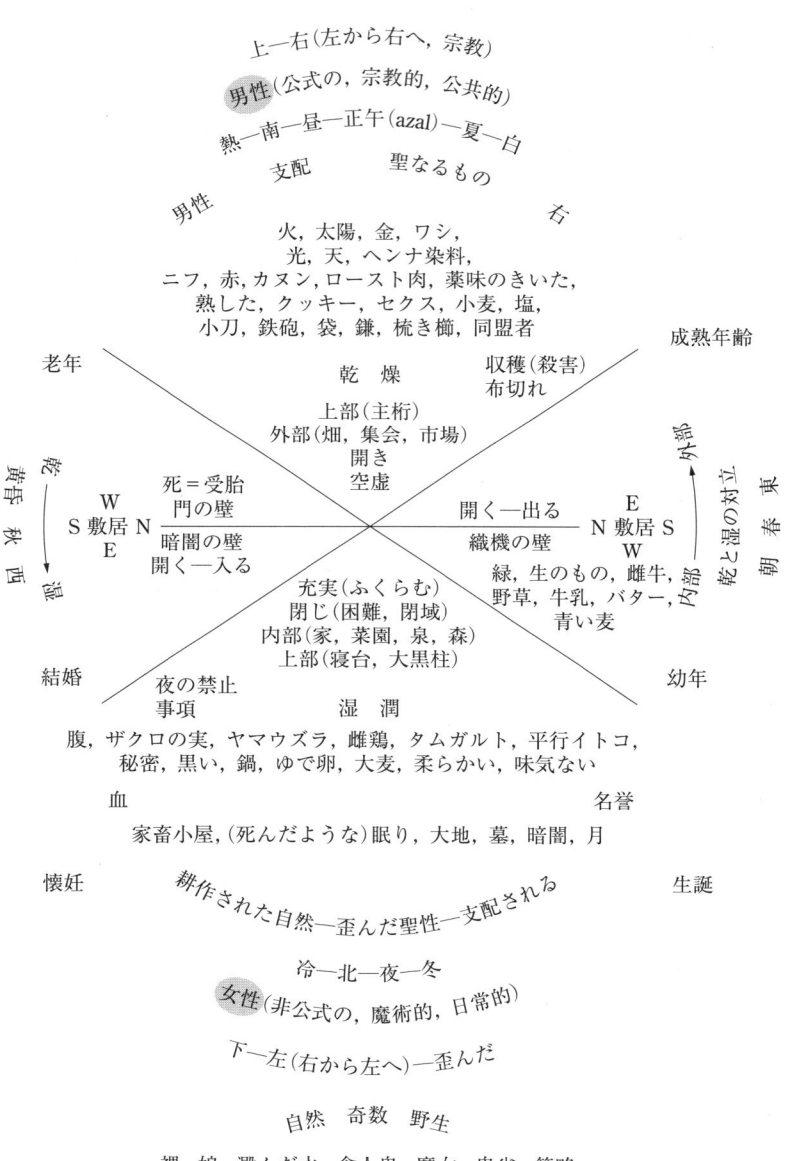

上―右(左から右へ, 宗教)
男性(公式の, 宗教的, 公共的)
熱―南―昼―正午(azal)―夏―白
支配　　聖なるもの

男性　　　　　　　　　　　　　　　　　右

火, 太陽, 金, ワシ,
光, 天, ヘンナ染料,
ニフ, 赤, カヌン, ロースト肉, 薬味のきいた,
熟した, クッキー, セックス, 小麦, 塩,
小刀, 鉄砲, 袋, 鎌, 梳き櫛, 同盟者

　　　　　　　　　　　　　　　　　　　成熟年齢
老年　　　　　乾　燥　収穫(殺害)
　　　　　　　　　　　布切れ
　　　　　上部(主桁)
　　　　外部(畑, 集会, 市場)
　　　　　　　開き
　　　　　　　空虚
　　　　死＝受胎　　　　　　　　　　　　　　　　外部
　　　　　門の壁　　　開く―出る
　　W　　　　　　　　　　　　　　E
　S　N 敷居　　　　　　　　　　N 敷居 S
　　E　暗闇の壁　　織機の壁　　　W
　　　　開く―入る
　　　　　充実(ふくらむ)　緑, 生のもの, 雌牛
　　　　　閉じ(困難, 閉域) 野草, 牛乳, バター, 内部
　　　　内部(家, 菜園, 泉, 森) 青い麦
　　　　　上部(寝台, 大黒柱)

結婚　　　夜の禁止　　　　　　　　　　　　幼年
　　　　　事項　　　湿　潤

腹, ザクロの実, ヤマウズラ, 雌鶏, タムガルト, 平行イトコ,
秘密, 黒い, 鍋, ゆで卵, 大麦, 柔らかい, 味気ない

　　　　血　　　　　　　　　　　　名誉
家畜小屋, (死んだような)眠り, 大地, 墓, 暗闇, 月

懐妊　　　　　　　　　　　　　　　　　　生誕
　　　　耕作された自然―歪んだ聖性―支配される

　　　　　　冷―北―夜―冬
　　　　女性(非公式の, 魔術的, 日常的)

　　　　下―左(右から左へ)―歪んだ

　　　　自然　奇数　野生

裸, 娘, 澱んだ水, 食人鬼, 魔女, 卑劣, 策略
ジャッカル(分割), イノシシ

図3-1　カビル社会の二項図式〈ピエール・ブルデュ『実践感覚2』(今村仁司他訳) みすず書房, 1990〉

（左側縦書き：青春　秋　西　湿）
（右側縦書き：乾と湿の対立　朝春　東）

ビル社会では，昼は男性の時間，夜は女性の時間ですが，アメリカのネイティブアメリカンであるナバホ族は，昼が女性，夜が男性の時間になっているといいます。つまり文化によって分類の仕方が違うのです。ただし，世界を二つに区分するという方法は，多くの文化が共通して持っていたと思われます。

● **近代社会とジェンダー**

しかし，近代社会の成立以降，世界を男性と女性に区分けするような分け方は，次第に崩壊していったのではないかというふうに私は考えています。その崩壊が，女性に対する差別や，男性の支配的な地位を，再発見させることになったのではないかと思うのです（このことについては，次章の「歴史の中のジェンダー」で，さらに詳しく論じます）。

つまり，前近代社会における男女による世界の分割という見方が，今でいう女性差別にストレートにつながるかといえば，そうでもなかったのではないかということです。といいますのも，世界を男女に二分割する見方が支配的な社会では，男女の役割もまた，あらかじめ固定された形で決められているからです。この分割は，ある種の宇宙像という形で，そこに住んでいる人に共有されているのです。先ほど東洋社会の陰陽図式についてふれました。陰が女性，陽が男性です。しかしこの陰と陽が相互に配置されることで，安定した世界が成り立っているのです。そこではある種の対等性さえ暗示されている。つまりどちらが上とかどちらが下ではない，相互に補完的な関係性がそこにはあったのではないでしょうか。男女それぞれの役割分担があるけれども，世界を構成する要素としては対等であるという認識が共有されていたといってもいいかもしれません。

● **新しい男女の関係の構築に向けて**
　しかし，現代社会においては，前近代社会のような，男女の二項図式に基づいた共有された世界像は，もはや存在しません。他方で，人間は，みな原理的に自由で平等であるという理念は，国際的にも共有されたものになっています。
　古い前近代社会のような男女の役割が固定化された社会に戻った方が，人間は幸せだという考え方もあるかもしれません。その方が，余分なことを考えずにすむからです。しかし，こうした前近代社会が，本当に良い社会かといえば，たぶん，そうではないはずです。現在の視点からみれば，そこには露骨な差別や排除が横行していたはずだからです。
　社会や文化が作り出した「男はこうあるべきだ」「女はこうすべきだ」という枠付けが，男女の人間関係を壊したり，性差別を生んだりするのであれば，それは是正する必要があります。現在という歴史的な時点から，未来に向かって，対等であると同時に，より風通しのよい男女の関係を生み出すことが求められているのです。ジェンダー研究は，こうした男女の新たな関係性の構築のためにも，多くのヒントを与えてくれるはずです。

● **学習課題**
　外国映画を題材に，そこに現れた男女の役割や行動パターンなどに注目して，その文化に特有と思われるジェンダー表現について，調べてみましょう。

● **引用・参考文献**
アードナーとオートナー編『男が文化で，女は自然か？』(山崎カヲル監訳) 晶文社，1987年
ギルモア，デイヴィッド『「男らしさ」の人類学』(前田俊子訳) 春秋社，1994

年
フリーマン,デレク『マーガレット・ミードとサモア』(木村洋二訳) みすず書房, 1995 年
ホフステード, ヘールト『多文化世界——違いを学び共存への道を探る』(岩井八郎他訳) 有斐閣, 1995 年
ミード, マーガレット『男性と女性』(田中寿美子他訳) 東京創元社, 1961 年
Mead, M., Sex and Temperament in Three Primitive Societies, New York : William Morrow & Company, 1935.

4. 歴史の中のジェンダー

学習のポイント

ジェンダーは，歴史的変化にともなって，その様相を変化させます。前近代の日本社会のジェンダー構造や，近代社会が生み出したジェンダーの変容について考えます。

● はじめに

前章，「文化の中のジェンダー」で，ジェンダー意識やジェンダー役割が，文化によって異なることをみてきました。ジェンダーは，また，歴史の変化の中でも移り変わってきています。

「そんなことはない。原始時代から男は狩りに出て，女や子どもは男たちがとってくる獲物を家で待っていたのだ」とおっしゃる方もおられるかもしれません。実は，文化によっては，女性が狩猟をする場合もあるのです。ただし，多くの文化を通じて主に男性が狩猟に行くという形のものが多いようです。男性の方が，一般に，筋力や瞬発力に秀でているということがあるのかもしれません。同時に，女性が妊娠・出産する機能を持っているということも一つの要素だと思います。

しかし，原始社会，男の狩猟によって共同体の生活が成り立っていたという見方には，疑問符がつけられています。

ある人類学者が，主に男性が狩猟に行く社会で，男性が確保した獲物が，共同体の食料自給率の何％ぐらいを占めることになるか調査しました。どのぐらいだと思いますか？ 2割からよくて3割だったそうです。

それなら，後の7割から8割の食料を確保していたのは，誰か。当然，女性たちということになります。つまり，狩猟社会でも，女性が，採集活動や栽培活動をすることで確保している食料に大きく依存していたのです。もちろん，男性が狩りでとってくる動物性たんぱく質は大変重要な食料だと思います。しかし，女性の労働がなければ，共同体の生活が存続しないということも明らかなのです。

● 「家政学」はもともと男のもの

狩猟社会の次に来るのは，農業社会です。もちろん，農業社会で女性が基幹労働力であったことは，明らかです。実は現在では日本の農業を支えている労働力のほぼ6割は，女性労働力なのです。

これと関連する話でおもしろい例を挙げたいと思います。家政学というのがあります。今では生活科学という名前になっているところもありますが，かつては日本の女子大学には，「家政学部」が多く設置されていました。では，この「家政学」は，近世ヨーロッパでは女性のものだったか，男性のものだったか。

実は家政学は，もともと男性のものだったのです。飯塚信雄『男の家政学』（朝日新聞社，1986）は，ドイツのホーゲンベルグという人が書いた家政学の本について書かれています。ここには，家のこと全般を管理するための方法について，それが男性の仕事だという観点から，大変如実に論じられています。家の管理責任は男性のものだったのです（実際の作業は，おそらく男女の役割分担があったはずです）。実は，日本でも，家政というのは基本的に男性の仕事だったのです。家のこと全般が女性の仕事になっていくのは，日本でも明治以後のことなのです。

男性がなぜ，「家政学」をするのか。ここには，むしろ男性優位の仕組みが潜んでいます。つまり，前近代社会において最も重要なことは

「家」のことです。だからこそ，男性が，中心になって家の管理を担うということだったのだろうと思います。

●近代工業社会とジェンダー

ところが，工業社会が始まると，男性たちは，家から離れて，工場やオフィスで仕事をするようになります。そうすると，家のことは，女性の側に回ってきます。近代社会の登場が，それまでの農業社会では重要な生産者であった女性を，家事中心へと方向づけていったのです。近代産業社会の登場と，男は外で仕事をし，女性は主に家のことをするという性別分業の仕組みの成立は，連動していたというわけです。

実は，産業革命の初期の段階では，女性も働いていました。生産性を上げるためには労働力が必要になりますから，男性も女性も，さらに子どもも労働力として動員されたのです。生産性を上げるためにはとにかく労働力を確保しなければいけない。しかし，やがて，女性も男性も子どももみな働く社会は，なかなか維持することが難しいということに，産業資本家たちは気がつき始めるというわけです。

子どもは体力がないですから，病気になりやすい。時には亡くなってしまう。また，女性には，妊娠・出産という生理学的機能の問題が生じる。男性たちは妊娠・出産しませんから，先々まで労働力として計算できます。半年後も一年後も計算できる労働力です。しかし，結婚した女性の場合は，妊娠・出産する可能性があります。妊娠した女性は，労働力として使いにくいし，先々まで労働力としての計算がしにくい。産業社会は効率を大切にする社会です。だから，計算しにくい女性労働力は，排除されていったのです。

子どもも，次世代の優秀な労働力としてトレーニングを受けるために，学校制度に囲い込まれていきます。フィリップ・アリエスの『〈子供〉

の誕生』（杉山光信他訳，みすず書房，1980）は，それまでは「小さな大人」として働いていた子どもが，「子ども」として認識され，大人たちと分離されていくのは，近代社会以後のことであることを明らかにしています。子どもが次世代の労働力として認識され，子ども時代の枠の中で教育を受けるような仕組みが産業革命以後成立してきたのです。

●労働力の再生産労働

「女性は家庭に」という仕組みは，産業革命の発展の中でもう一つ大きな意味がありました。それは，労働力の再生産という問題に関わることです。労働力の再生産とは何か。生産性を上げるためには，健全な労働力を常に維持していかなければいけません。健康に配慮し，栄養を補給し，元気でリフレッシュして，働ける労働力を確保する必要があるのです。そのためには労働力を維持し支える労働が必要になります。衣食住をはじめ基本的な生活をバックアップしてくれる労働力がないと，健全な労働力が維持できないからです。

実は，そのためにはさまざまな選択肢があったはずです。例えば労働力を支える仕事を新しい労働として作りだすという方法です。それを，給料を払って経営者がコスト負担するというやり方も考えられるからです。しかし，近代産業社会は，大変「うまい」（というかずるい）方法を考え出したのです。労働力の再生産労働を無償で支える方法です。つまり，女性たちに家事や育児を分担してもらって，健全な労働力を維持してもらうという方法です。

女性は，男性労働力の再生産労働だけでなく，他の役割も分担することになります。次世代の労働力である子どもの養育という労働の分担です。次世代の労働力を養育することも，労働力の再生産労働です。さらに，年をとってしまった労働力のケアも女性の分担になりました。これ

も長い目でみると再生産労働なのです。年をとったら使い捨てにされてしまうのでは困ります。年をとってもケアをしてくれる家族が存在しているということは、現役で働いている時も大変重要な意味を持ちます。こうして、家事・育児・介護といった、現役の労働力、次世代の労働力、そして過去の労働力の三つの再生産労働を、女性が担われる仕組みができあがったのです。しかもそれは無償で担われる（アンペイドワークと呼ばれます）という仕組みを、産業社会は作り出したのです。

●変容する男女の力関係

こうして、産業革命後、男女の労働の区分がはっきりと成立します。しかも、この男性と女性の区分は、男女の力関係を変化させました。というのも、産業社会において、社会的に評価されるのは、明らかに男性の生産労働だからです。この労働は、ある意味「公的な労働」ですし、何よりも賃金労働なのです。

これに対して、女性たちは、労働力の再生産労働という社会を支える上できわめて根本的な労働をしているにもかかわらず、この労働は、しばしば「私的な労働」として位置づけられ、男性の公的な労働より一段低いものとして認識されやすいことになります。何よりも、男性の有償労働に対して、この女性たちの労働は、「不払い労働」（アンペイドワーク）、「無償労働」なのです。この構図が、「誰の稼ぎで食っているのか」という男性たちの優位性意識につながっていくのです。

●「主婦」の誕生

アン・オークレーという社会学者の本に、『主婦の誕生』という本があります。私たちは、しばしば主婦労働はずっと昔からあったように考えてしまいがちですが、オークレーによれば、主婦が誕生するのは、ま

さに産業革命の結果であるというのです。

オークレーはこのように書いています。

「産業革命が女性にもたらした最も重要な影響で、しかも後々まで尾をひいたのが、成熟した女性の主たる役割として、主婦という近代的な役割を生み出したことである。女性の役割だけでなく、男性の役割もまた産業革命によって大きな影響を受けた。しかし、男性にとっては、それが主として、就業可能な職業範囲を拡大するという形で、家庭外の世界を広げたのにひきかえ、女性にとってそれは家庭という空間に包み込まれることを意味した」(44頁)。

オークレーは主婦労働をいくつかの特徴を挙げて論じています。一つは成人の男性には割り当てられず、もっぱら女性に割り当てられるという点。二つ目は、経済的な依存、近代の結婚における女性の依存的役割と結びついているということ。三番目に、労働として認知されていない、言い換えれば、本当の労働、つまり経済的な生産労働と対照的なものとして位置づけられているということ。四番目に、女性にとってそれが主たる役割である、他の役割に主婦役割が優先するという指摘です。こうした仕組みが産業革命の結果作り出されてきたのです。

● 「母性愛」の成立

「母性愛」という考え方が、いつ頃からヨーロッパで広がったかという研究もあります。エリザベート・バダンテールという女性のフランスの社会学者の研究です。

バダンテールによれば、母性愛という考え方が社会的に広がるのは、19世紀くらいになってからだそうです。それまでは母親は子どもを慈しみ、育てる存在という認識がそもそも社会に共有されていなかった、とバダンテールは考えます。

証拠もあります。ちょっとショッキングなデータです。フランス革命直前にパリ警視庁で調べたパリ市内の子どもの養育者が誰かという調査があるそうです。このデータによると，実母が育てている赤ちゃんは，全体の5％ぐらいしかいないのだそうです。あとはどうしたかというと，養子に出されたり，捨て子にされる。中には，お金持ちの家で乳母が育てたりしているケースもある。赤ちゃんを産んだお母さんが自分の子どもを育てるケースが5％しかないという社会で，母性愛という考え方が広がるはずがない，というのがバダンテールの議論です。

母性愛という考え方もまた，近代社会成立以降のものなのです。

● ファッションの中のジェンダー

近代社会の登場とジェンダーという観点から，ほかにもさまざまな例を挙げることができます。

例えばファッションです。男女のファッションが大きく違うようになったのも近代以後のことです。

ルネサンス期のイタリアの上流階級の男性の服装をみてみると本当に華やかです。黄色や赤や緑がふんだんに使われています。ところが18世紀，19世紀になると，男性の服装がだんだん機能的かつ単色になっていきます。特にサラリーマンの場合，スーツという大変機能的なスタイルが生まれてくるのです。

ファッションを考えても，近代産業社会になると，男性たちはお金持ちであっても，かつてのようにきらびやかな服ではなくて，地味な機能的な服に統一されていくのです。他方，女性たちのファッションもジェンダー化が押し付けられていきます。『誰がズボンをはくべきか』（マイケル・ハイリー著，神保登代他訳，ユニテ，1986）というこれも大変おもしろい本があります。19世紀のイギリスでは，労働の場で，ズボン

をはく女性たちが出現しました。これに対し女性はスカート（をはくべきだ）という形で女性の服装の強制が行われていくのです。

ファッションをとっても，それまで男女の区別がそれほど明確でなかったものが，男女の違いがかなり明らかになっていくというのが，近代産業社会の一つの大きな特徴なのです。

●ジェンダー化された社会としての近代

ファッションにもみられるように，近代産業社会の登場はジェンダーの意識のされ方においても，大きな影響を与えました。

その背景には，近代産業社会の登場とともに生じた個人主義の影響があります。

前近代社会では，人々は共同体の中で生まれ，自分の所属する共同体の中で生活し，共同体の中で死んでいくのがあたりまえでした。そこにはジェンダーも含めて，共有された世界像が根強く存在していたのです。

近代産業社会になると，共同体の絆はゆるみます。同様に，共同体を支えていた共有の宇宙像も崩壊を開始します。かつては，男性の役割，女性の役割を厳然と定めた世界像がありました。その共有されていた世界像が，崩れてゆくのです。

こうした世界像のゆらぎの中で，人々は自分のアイデンティティを自分で確立することが求められるようになります。かつては共同体で共有されている世界像が，それぞれの人間存在を意味づけ支えてくれたのですが，近代社会では，自分のアイデンティティを自分で証明しなければならなくなるのです。「私は何者なのか」，「あなたは何者なのか」ということを，そのつど確定していくことが求められるというのが，近代社会の一つの特徴です。

ファッションの中にみられたように，個人のアイデンティティにとっ

て，ジェンダーによる区分けが重要な意味を持つようになるのです。一人一人が，自分のアイデンティティ，自分は何者かということを定める時に，男か女かということが大変重要な要素になるのです。

中でも，社会の支配的役割を担うようになった男性にとって，「男である」ことの認識はきわめて重要なものになってきます。かつては，共同体で共有された世界像が，「あなたは男だから男の役割を担いなさい。あなたは女だから，女の役割を担いなさい」と決めてくれていたのですが，男性は男性としての，女性は女性としてのアイデンティティを，自分で証明することが求められるようになるのです。

●ヴァナキュラーなジェンダー

前近代社会では，人々に共有されていた宇宙像の中で，男性役割，女性役割が確定されていました。前章，「文化の中のジェンダー」で指摘したように，世界そのものが男女の二分割を一つの基礎として把握されていたのです。

そこでは，男性女性の役割が大変巧妙に組み合わさっていたため，どちらが上か下かということは近代社会ほどは意識されなかったと考えられます（もちろん，今からみれば，明らかに男性優位の仕組みだったとは思います）。そこでは，イヴァン・イリイチのいうところの，「ヴァナキュラーなジェンダー」の仕組みが成立していたのです。「ヴァナキュラーなジェンダー」とは，その地域やその時代に特徴的なジェンダーのことを意味します。そこでは男性と女性の役割は分割しているけれども，お互いに支えあう，相互補完的な仕組みになっていたというのです。男女の役割は，それぞれ違うけれども，相互に補完し合うことで調和した関係が成立していたというわけです。

イリイチの主張は，こうしたヴァナキュラーなジェンダーの社会にも

う一度戻ろうというものでした。確かに，ちょっと魅力的な提案にみえます。

しかし，産業革命を経た現代社会で，もう一度，共有された宇宙像に支えられ，男女がともに役割分担しながら支えあうという仕組みが成立するかどうか。これは，ちょっと難しいのではないかと思います。過去に戻って，男女の相互補完的な社会を回復するのか，それとも前に向かって，ジェンダー平等の方向で問題を解決していくのか。こうした選択肢が私たちに問われているのかもしれません。私は，やはり過去に戻るのではなくて，新しい選択肢を開いていくべきではないかと思っています。

●日本の歴史の中のジェンダー

それでは，日本社会におけるジェンダーは，歴史的にみて，どのように変化してきたのでしょうか。

最近の研究では，日本社会は，女性の地位が，比較的高い伝統的文化を持っていたのではないかといわれています。卑弥呼の時代，すでに日本には女性の君主がいたわけです。実際，古代には何人もの女性天皇が存在しました。女性天皇は一時しのぎだったという議論もありますが，最近の研究は，必ずしも一時しのぎではなく，女性天皇は統治者としてきちんと意味づけられていたという議論が有力なようです。

労働の場でも，女性がさまざまな労働をしている姿は，室町時代や鎌倉時代の絵巻物をみると，リアルに描かれています。

このことについて，大変おもしろい文章が残っています。戦国時代日本にやってきたルイス・フロイスというポルトガル人の宣教師が書いたものです。フロイスは信長の時代に日本にいました。彼は，あちこちで，日本文化とヨーロッパ文化を比較文化的に論じているのです。しかも男

女関係についての記述がたくさんあります。それを読んでいくと，戦国時代の日本社会が，当時のヨーロッパ社会と比べて，女性の社会的地位がきわめて高かったということがはっきり書かれています。

例えば，「ヨーロッパでは，財産は夫婦の共有である。日本では各自が自分の分を所有している。時には，妻が夫に高利で貸し付けることさえある」とフロイスは書いています。ヨーロッパでは財産は夫婦の共有であるといいながら，完璧な家父長制ですから，男性が管理している。ところが，日本では，女性が結婚した後でも，財産を持っている。また，「ヨーロッパでは妻を離縁することは，罪悪である以上に，最大の不名誉である。ところが，日本では幾人でも離別する」。離婚する場合，ヨーロッパでは夫が妻を離別するのが普通である。しかし，日本ではしばしば妻が夫を離別することがみられる。これはヨーロッパ人であるフロイスには信じられないことのようです。

「ヨーロッパでは妻は夫の許可がなくては，家から外へでないが，日本女性は夫に知らせず，好きなところへ行く自由を持っている」とも指摘しています。ヨーロッパは夫の妻への管理が厳しかった。しかし日本はそうではありません。

「ヨーロッパでは女性が文字を書くことはあまり普及していないが，日本の高貴の女性は，それを知らなければ，価値が下がると考えている」とも書いています。女子教育の点でもヨーロッパよりはるかに進んでいたのです。

男性にとってちょっとショッキングなことも書かれています。「ヨーロッパでは普通女性が食事を作る。日本では男性がそれを作る。そして，貴人たちは，つまり貴族たち，高貴な人たちは，料理を作るために厨房に行くことを立派なことだと思っている」。

このように，戦国時代の日本社会を，当時のヨーロッパ人の目からみ

ると，きわめて女性の社会的地位が高い社会だったのです。

● **近代化とジェンダー**

　それなら，なぜ，日本社会は今のような男性主導の社会になったのでしょうか。

　確かに，江戸時代に確立した武家の家父長制文化が一つ大きな影響を与えたのだろうと思います。しかし，最近の江戸時代の庶民の文化の研究によれば，男女関係において，女性たちにかなりの発言権があり，女性の活躍も目立つともいわれています。

　むしろ明治以降，日本の男女関係は，質的に変化したという議論が，最近の研究ではよく論じられています。

　中でも，徴兵制の問題，つまり，国民皆兵制度が実施されたことが，男女関係の質的変化を引き起こしたことは，注目する必要があります。

　江戸時代までは身分制の秩序がありました。士農工商，さらに被差別の人が配置されるという仕組みです。この身分制の秩序の社会で，例えば，武家の女性とお百姓さんの男性とでどちらが，社会的地位が高いかといえば，これは，当然，武家の女性の方が，社会的地位が高かったはずです。

　明治になると，一応身分制秩序はなくなります。しかし，その一方で，徴兵制がしかれます。先ほど「国民皆兵」と書きました。でも，明治の日本社会で国民すべてが兵隊になったわけではありません。人口の半分しか兵隊になっていないのです。つまり女性は兵隊に取られないわけです。国民たるものの兵役の義務が議論になりますから，女性は国民ではないということになります。二級国民扱いされてしまうのです。

　こうして，明治以後，それまで以上に，社会全体において男性が主で女性が従という仕組みへと編成がなされていきます。教育面では，良妻

賢母教育が施され，男性は「お国のために戦って立派に死になさい」という教育がされるようになります。法律も，民法などで，女性の権利がどんどん削られていきます。こうした仕組みが，明治の20年代ぐらいに確立していくのです。

●おわりに

　歴史の中で，男女関係は変化してきました。歴史の問題をジェンダーの問題で考える時に，重要な課題は，ジェンダーの仕組みは，歴史の変化に対応しながら，展開してきたということです。近代産業社会には，近代産業社会なりの仕組みがありました。たぶん，生産性を上げるという点では，この性別役割分業がプラスに作用したということもあったのでしょう。

　そして，今，なぜジェンダーが問題なのかといえば，それは，現在が，まさに歴史的な転換期にあるからです。20世紀後半，人類は，ジェンダーという側面も含めて，新しい社会の仕組みと直面する段階に入ったのではないかと思われます。

　産業の仕組みも大きく変わりました。産業革命時代のように，肉体労働中心の生産労働が軸だった社会から，情報やサービスを中心とする産業へと大きな転換が生じているのです。

　と同時に，価値観も大きく変容し始めています。かつて性差別は世界中に広がっていました。ところが，特に1960年代から70年代以降，人権という観点が，私たち人類にとって大きな意味を持つ時代に入っています。女性の人権は人権をめぐる議論の中でも，大変重要な課題なのです。だからこそ，国際社会は，この30年，40年，この課題と全面的に取り組んできたのです。

　産業社会の大きな変化と価値観の大きな変化の中で，私たちは今，

ジェンダーという課題をめぐって，新たな歴史的な転換点に立ち会っているのだろうと思っています。

●学習課題
ジェンダーという視点で，日本社会における女性の役割，男性の役割の変化を，考察してみてください。

●引用・参考文献
オークレー，アン『主婦の誕生』（岡島茅花訳）三省堂，1986 年

バダンテール，エリザベート『母性という神話』（鈴木晶訳）筑摩書房，1991 年

フロイス，L.『日本文化とヨーロッパ文化』（岡田章雄訳注）岩波文庫，1991 年

5 性差別とジェンダー

　　学習のポイント

　現代社会において，性による差別は重要な人権問題です。ジェンダーと人権という課題を，フェミニズムの登場やその発展，さらに性差別問題の現状と課題について考察します。

●**性差別とは？**
　「性差別とは何か」というのは，なかなか難しい問いかけかもしれません。女であるということや時には男であるということ，つまり性別を理由に，合理的な根拠のない形で行われる差別や抑圧，さらには社会的排除ということが，性差別という言葉の中には含まれているのではないかと思います。
　しかし，この性差別ということが，私たち人間社会で本格的に自覚されるようになったのはいつからのことでしょう。実はそれほど前のことではないのではないかと考えられます。
　前近代社会においても，差別はさまざまな形で根強く存在していました。しかし多くの人が，これは差別だというふうに自覚することは少なかったのではないでしょうか。身分制の秩序があり，それが社会の仕組みを作っていました。男性や女性の役割も，かなりきちんと社会の仕組みとして構造化されていました。そこでは，男だ女だということで差別されるということに気がつくということは，ほとんどなかったと考えられます。

●人権思想の広がりの中で

　性差別—性による差別が存在するということに人類が自覚的になったのは，近代社会の登場以降のことではないかといわれています。性差別というと，主に女性に対する差別ということが問題になりますが，この女性に対する差別ということが歴史の中でクローズアップされてきたのは，おそらくフランス革命の前後だったと思われます。

　フランス革命は，いわゆる市民革命です。つまり前近代社会の不自由で不平等な社会を転換する革命だったのです。フランス革命のスローガンはご存知のように，自由，平等，友愛というスローガンでした。つまり，法の下での人間の平等や，国民主権，言論表現の自由，財産権などが謳われたわけです。アメリカの独立宣言やフランス革命の人権宣言が，こうした市民権の確立を，本格的に実現しようとしたのです。

　フランス革命では，有名な人権宣言，「人間および市民の権利の宣言」が出されています。「人間は自由で，権利において平等なものとして出生し，共存する。社会的な差別は共同の利益のためにのみ，設けることができる」というのが，その第一条です。けれども，ここでいう人間や市民，これは実は一部の人間や市民だけの意味しかなかったのではないかということが最近よく指摘されているのです。

　特に，1979年，フランス革命勃発200年の頃，フランス革命研究の中でも，しばしばこの人権宣言の問題点が見出されました。つまり，人権宣言が対象にした人間や市民というのは，実はフランス国籍を持っている成人男性のことではないかという指摘がされたのです。

●女性の権利の宣言

　実は，フランス革命の時から，そういった告発は存在していたのです。

特に女性の側からの告発です。つまり宣言のいう人間には女性は含まれていないという批判の声です。フランス革命に参加していた女性の革命家オランプ・ド・グージュという方がいました。彼女はこの時代に、こんなことをいっています。

「女性は処刑台に登る権利をもっている。したがって演壇に登る権利もまた有するべきである」。

フランス革命は、自由や平等を謳って国民議会を作るわけですが、この自由や平等は男性だけのものだったわけです。マリー・アントワネットなどにみられるように、女性たちも処刑されました。しかし国民議会で発言する権利はありませんでした。つまりこの人権宣言の「人」から女性ははずされていたということなのです。グージュは「人間および市民の権利の宣言」をちょっと真似をする形で「女性と女性市民の権利の宣言」と題したパンフレットを刊行しています。そこの第一条は「女性は自由なものとして生まれ、かつ権利において男性と平等なものとして生存する。社会的差別は共同の利益に基づくものでなければ設けることはできない」と先ほどの人権宣言の第一条を女性の立場に立って作り変えてみたわけです（ブラン，1995）。

グージュがここで主張した女性の参政権が実現するには、フランス革命から100年もの時間が必要でした。つまり、1893年、ニュージーランドで女性の参政権が勝ち取られるまで、本当に長い時間が必要だったのです。

人権については、200年以上前から語られてきました。しかし、そこではしばしば女性の人権は見落とされてきたのです。とはいっても、人間の自由や平等について議論されるようになったのですから、当然、女性と男性の間の平等の必要性という声が広がるのは、当たり前のことだったわけです。実際、フランス革命前後から、少しずつ女性たちは男

女平等の声を上げ始めるのです。

●ルソーの中の性差別

　実際，当時の代表的な男性の社会思想家の著作などを読んでみると，女性に対する偏見というようなものが根強いということがよくわかります。例えば人権宣言のベースになった思想である，ジャン・ジャック・ルソーという社会思想家がいます。ルソーはフランス革命を準備した啓蒙思想家です。しかし，ルソーの著作を読んでいくと，女性については今からみれば，偏見に満ちたとしか思えないような記述もしばしばみられます。例えば有名な教育論である『エミール』という本があります。そこにはこんなことが書かれています。

　「女性の教育は，すべて男性に関連させて考えられなければならない。男性の気に入り，役に立ち，男性から愛され，尊敬され，男性が幼いときは育て，大きくなれば世話を焼き，助言を与え，慰め，生活を楽しい，快いものにしてやる。こういうことがあらゆる時代における女性の義務であり，女性に子どものときから教えなくてはならないことだ」（ルソー，1964，21頁）。

　今こういう言葉を読んだら多くの女性は怒ると思います。でも，こんなことが代表的な人権思想家としてのルソーの本の中にも，はっきり書かれているのです。

●リベラル・フェミニズム

　こうした当時の男性たちの意識に対して，女性たちが「これは問題だ」と声を上げ始めます。思想家として，フェミニズムつまり女性解放の理論を著した最初の人物としてよく挙げられるのは，メアリ・ウルストンクラフトというイギリスの女性です。彼女は，ルソーを厳しく批判

しています。また，女らしさというものは生まれつきのものではなくて，社会的に作られたものであるとも語っています。まさにジェンダー論の視点です。男と女には，しばしばダブルスタンダード，特に貞操をめぐるダブルスタンダードがある。つまり女性だけは貞操を要求されるけれども，男性はそうではない。貞操ということをめぐって，男性と女性で違う意味づけが為されているという指摘もなされています。

こうした議論の上で，女性の職業的自立，女性の教育権，女性の参政権というものの必要性をウルストンクラフトは説いたのです。

19世紀に入ると，男性と女性の同等の権利，特に法律上の権利，市民的な権利の平等性というものが主張されるようになっていきます。男性の中にも，女性の権利の拡大を主張する論者も出てきます。J. S. ミルは，『女性の解放』の中で，「いかなる奴隷も妻ほどの程度における奴隷ではない」と書いています。

こうした男女の市民的，法的権利の平等を要求したフェミニズムを，しばしばリベラル・フェミニズムと呼びます。

●**女性の世界史的敗北**

19世紀も半ばくらいになると，労働運動や社会主義運動が広がります。この中で，新しいフェミニズムの動きが拡大していくことになります。代表的な論者としてよく挙げられるのはカール・マルクスとともにマルクス主義思想を確立したフリードリヒ・エンゲルスです。彼は『家族・私有財産・国家の起源』という本で，男女の平等論を議論したのです。

エンゲルスは，女性の権利が奪われていったプロセスを歴史的に考察します。当時の古代史研究などに依拠しながら，実は原社会の人間の血縁関係は元々は母系制であった，つまり母親の系列で財産が継承される

という仕組みだったとエンゲルスは述べています。

ところが，家畜を飼うとか，いろいろなことで私有財産制が始まる。そうなると，男性たちが自分の子どもに自分の私有財産を継がせようとする。それまでは母親の系列で家族がつながっていたわけですけれども，財産の継承のために，男性が自分の子どもであると確認できる子どもたちに財産を継承するという仕組みができる。こうして，母系制から，父系制へと変わっていくと彼は考えたのです。エンゲルスは，この変化を，「女性の世界史的敗北」と呼びました。

エンゲルスによれば，私的所有制度を変えないと，男女の平等を確立できないということになります。彼は，こうして，女性差別の問題を私有財産制度や資本主義の問題と関連づけて議論してみせたわけです。

実はエンゲルスという人は大変おもしろい人で，男性の問題についても目配りしています。男性もまた資本主義社会の中で男として苦しめられているという視点です。『イギリスにおける労働者階級の状態』という本の中で書いています。この意味で，エンゲルスは，男性も含めたジェンダーという問題について，マルクス主義の思想の潮流の中で，最も早い段階で議論した思想家，というふうにいえるのかもしれません。

●社会主義と性差別

社会主義はしばしば平等の原理として理解されることが多いと思います。しかしエンゲルスのようなジェンダーの問題に敏感な社会主義者やマルクス主義者ばかりではなかったのです。マルクス自身も，自分の家のお手伝いさんに妊娠させて子どもを産ませるというようなことをしています（実はエンゲルスがその子どもを引き取って育てたといわれています）。社会主義者，平等論者といってもなかなか男女の平等のところまできちんとした形で視野が広がっている思想家は少なかったのです。

例えばマルクスとともに，19世紀の社会主義運動をリードしたピエールJ. プルードンという人がいます。プルードンはこんなことをいっています。

　「女性とは正義の荒廃である。女性は隷従状態のままにしておくべきだ。なぜなら女性自身根本的に淫らだからだ。女性の居場所は結婚にしかない」。

　現在の視点からみると，びっくりするような発言です。

●「現実の社会主義」の下でのジェンダー平等

　実際，社会主義体制の下でも，なかなか現実にジェンダーの平等という観点まで十分な視野が広がらなかったのです。そのことは，20世紀に広がったいわゆるソビエト連邦を中心とする社会主義体制（これを「現実の社会主義」と呼ぶことがあります。理想ではなく，実際に社会主義の名の下で生じた政治体制ということです）の中でもいえるのではないかと思います。

　社会主義体制というと，やはり労働ということが大きなテーマになります。女性の労働参加は，当然謳われるわけです。だから，それを支えるための保育所等々の設備は充実しました。東ドイツと西ドイツの統合ということが20世紀の後半に起こりましたが，統一後，旧東ドイツの女性たちが困ったのは，西ドイツには保育所の設備をはじめ，女性が働く条件の整備が十分でなかったということだといわれています。

　確かに現実の社会主義体制の下で，女性が働くための条件についてはいろいろと整備がされたわけです。しかし，実は家庭内における性別分業という点では，この体制の下でも「家事・育児は女性」という仕組みは，根強く存続していたといわれています。

●労働運動とフェミニズム

　しかし，女性の労働という面では，社会主義や労働運動の広がりの中で，新しい動きが出てきたのも事実です。初期のリベラル・フェミニズムが要求した男女平等の市民権や法律的な権利ということに加えて，女性の労働権の確立が要求されるようになったのです。女性が働くわけですから，それを支えるようなさまざまな社会サービスが要請されます。保育所であるとか介護の問題であるとか，さまざまな社会福祉の要求が，フェミニズムによって19世紀から20世紀にかけて主張されたのです（いわゆる社会主義フェミニズムの運動が要求してきた課題です）。

●「名前のない問題」／ラディカル・フェミニズムの登場

　20世紀の半ばまでのフェミニズムの主な要求というのは，男女平等の法律的な権利や市民的な権利，特に参政権や固有の財産を持つ権利，あるいは教育を受ける権利，それに加えて労働運動や社会主義運動の中で語られた女性の労働権，さらにそれを支える社会的サービスの拡充ということが中心だったわけです。つまりリベラル・フェミニズムや，いわゆる社会主義フェミニズムという流れがフェミニズムの主流だったのです。

　現代社会をふりかえった時，リベラル・フェミニズムや社会主義フェミニズムの要求が十分に確立しているかというと，まだまだ不十分な部分はあると思います。しかしそうした要求の多くの部分は，現代社会ではかなり受け入れられつつあるのではないかと思います。

　リベラル・フェミニズムや社会主義フェミニズムに加えて，新しいフェミニズム運動が生まれたのは，1960年代のことでした。

　「フェミニズムの第二の波」などという形で，しばしば語られることです。

　きっかけを作ったのは，ベティ・フリーダンというアメリカの女性の

思想家が書いた『女性の神秘』(邦訳題名『新しい女性の創造』三浦富美子訳, 大和書房, 1965) でした。フリーダンはこの本の中で, 1950年代から60年代の, アメリカ合衆国の郊外に暮らす豊かな中産階級の専業主婦たちを襲っている得体の知れない悩みについて書いています。彼女は, こう書いています。

　「長い間, ある悩みがアメリカ女性の心の中に秘められていた。20世紀の半ばになって女性たちは, 妙な動揺を感じ, 不満を覚え, 憧れを抱いた。郊外住宅の主婦たちは, 誰の助けも求めずに, ひそかにこの悩みと戦ってきた。寝床を片付け, 食料品を買いに出かけ, 子供の世話をし, 夜, 夫の傍らに横になるときも, これでおしまい？と自分に問うのを怖がっていた」(8頁)。

　豊かなはずの中産階級の女性たちの中で広がっている名前のない不安や動揺。その背景にあるものをフリーダンは探ろうとしたのです。この得体の知れない悩みというものの背景に, 実は女性たちを縛っている社会的な女らしさの強制があると彼女は考えました。この縛りのために女性たちは, 社会に参加することから排除され, なかなか自己成長ができない, 自己実現ができないというのです。そうした女性たちの無力感を, 郊外に暮らす豊かな中産階級の専業主婦たちの中に, 彼女は見出したのです。

　フリーダンは, こうはっきり書いています。

　「人間として自分を知る唯一の方法は, 自分で創造的な仕事をすることである」(259頁)。

　彼女のこの視点が, アメリカにおけるウーマン・リブの運動, 女性解放運動の一つの大きなきっかけになったのです。

● **日常意識に潜む性差別**

　このフェミニズムの第二波の特徴はどこにあるのでしょうか。それはしばしばこの時期のラディカルなフェミニズム運動のスローガンとして取り上げられることの多い言葉からも理解できると思います。つまり，「個人的なことは政治的なこと」というスローガンです。

　個人的なこと，つまり日常生活や日々の労働の中にある男と女の支配や服従の関係，個人的にみえる関係の中にある男女間の力関係への視座の発見がなされたのです。それは，法律上の平等や女性の労働権だけではなくて，日常生活や意識の中に潜んでいる性差別の発見を意味しました。私たちのものの見方や考え方やものの言い方や行動の仕方や，そういうものの中に無自覚なままに潜んでいる性差別の構造を発見して，それを変えようという動きが本格的に開始されたといってもいいでしょう。

● **多様なフェミニズム**

　こうした，いわゆるウーマン・リブに代表されるラディカルなフェミニズムの登場に触発される形で，1970年代以後，さまざまなフェミニズムの運動あるいは思想が広がっていきます。

　例えばマルクス主義フェミニズムといわれる潮流があります。このフェミニズムは，再生産労働という観点を新たに持ち込んだといわれます。再生産労働とは，第4章でもふれたように，家事や育児や介護といった労働力を再生産する（外で働く男性たちのケアをしてあげる，次世代の労働力である子どもたちのケアをする，さらには年をとって労働市場から引退した人たちのケアをしてあげる）労働のことです。資本制の仕組みは，女性たちに再生産労働を強要する仕組みである，とこのマルクス主義フェミニズムはとらえました。女性たちはこの仕組みから脱出するためには，ラディカル・フェミニズムが指摘したような日常的な

ものの見方，あるいは考え方に含まれる性差別を乗り越えると同時に，資本主義の仕組みそのものに対して批判の目を向けなければいけない。これがマルクス主義フェミニズムの主な主張だったのです。

　エコロジカル・フェミニズムと呼ばれる思想潮流もあります。近代社会は，男性の原理に基づいた社会である。つまり効率優先や，生産性優先で動いています。男性主導の社会である限り，環境に対する負荷というものは重くのしかかるばかりです。環境問題を含めて，もっと人間が自然と共生する仕組みを考えるならば，男性主導の社会ではうまくいかない。むしろ，それまで人間とふれあい，自然とふれあってきた女性の視点が必要である，という視座です。

　また，現代思想の流れを受ける形で，ポストモダン・フェミニズムといったものも登場してきています。

　さらに，現在では，フェミニズムの第三の波とでもいえるような流れが広がっているともいわれています。「従来のフェミニズムは，女性をある意味でひとくくりにしすぎていたのではないか」という主張がそこには含まれています。女性もまた，ひとくくりにはできない。例えば発展途上国で暮らす女性と経済の発達した社会で暮らす女性の間の格差は大きい。日本の社会においても，在日韓国・朝鮮人女性，部落差別の中で苦しんでいる女性，そうしたいわゆるマイノリティ女性の問題が浮上してきたのです。さまざまな女性のおかれた歴史的・現代的な状況に視線を向けながら，性差別を乗り越えていこうという流れといってもいいでしょう。

●**国際的に広がる性差別克服の動き**

　ここでは，ごく簡単にフェミニズムの歴史の流れについて述べましたが，こうした性差別というものに対する告発，それを克服するための思

想の形成が，特にこの 30-40 年の間，国際的に広がってきたのです。こうした性差別への告発を受ける形で，国際社会もまた，男女平等の動きを強めようとしているのです。

このような国際社会の大きな流れの中で，残念ながら日本の社会は取り残されつつあるのではないかと思われます。「日本の社会が伝統的に男尊女卑の文化が根強いからだ」というような説明をする人がいるかもしれません。歴史，あるいは文化の中のジェンダーについてふれた章ですでに述べてきましたが，日本の社会はむしろ，伝統的にみて，女性の社会参加という点ではヨーロッパのキリスト教文化などと比べてはるかに活発なところがあったのです。

逆にいうと，1960 年代くらいまでは，世界中の多くの国々は，まだまだ性差別の問題に関しては鈍感であったといってもいいだろうと思います。厳しい性差別があったからこそ，この時代，アメリカ合衆国ではウーマン・リブの運動が起こったわけです。つまり，日常生活の中まで女性たちが差別されて息苦しいという思いが広がっていたからこそ，激しい女性の運動が起こったのです。明らかに，1960 年代までは，世界中において性差別の仕組みが根強かったのです。

と同時に 1970 年代以降，急激に性差別の撤廃の動きが多くの国々で広がったことも見落としてはならないと思います。ジェンダー平等は，今や，共有の価値観として多くの人々を捉えているのです。

● ジェンダー・エンパワーメント指数（GEM）

繰り返しますが，この大きな流れの中に，日本の社会は十分に対応しきれていないと考えられます。性差別解消の一つの指標と考えられるのは，女性の社会参加の度合いです。国連も 1990 年代半ばくらいから，ジェンダー・エンパワーメント指数を毎年発表しています。女性の国会

表5-1　ジェンダー・エンパワーメント指数他のランキング
HDI, GEMの上位50か国

順位	HDI (人間開発指数) 2004 国名	HDI値	順位	GEM(ジェンダー・エンパワーメント指数) 国名	GEM値	順位	GGI(グローバルジェンダー・ギャップ指数) 国名	GGI値
1	ノルウェー	0.965	1	ノルウェー	0.932	1	スウェーデン	0.8133
2	アイスランド	0.960	2	スウェーデン	0.883	2	ノルウェー	0.7994
3	オーストラリア	0.957	3	アイスランド	0.866	3	フィンランド	0.7958
4	アイルランド	0.956	4	デンマーク	0.861	4	アイスランド	0.7813
5	スウェーデン	0.951	5	ベルギー	0.855	5	ドイツ	0.7524
6	カナダ	0.950	6	フィンランド	0.853	6	フィリピン	0.7516
7	日本	0.949	7	オランダ	0.844	7	ニュージーランド	0.7509
8	米国	0.948	8	オーストラリア	0.833	8	デンマーク	0.7462
9	スイス	0.947	9	ドイツ	0.816	9	英国	0.7365
10	オランダ	0.947	10	オーストリア	0.815	10	アイルランド	0.7335
11	フィンランド	0.947	11	カナダ	0.810	11	スペイン	0.7319
12	ルクセンブルク	0.945	12	米国	0.808	12	オランダ	0.7250
13	ベルギー	0.945	13	ニュージーランド	0.797	13	スリランカ	0.7199
14	オーストリア	0.944	14	スイス	0.797	14	カナダ	0.7165
15	デンマーク	0.943	15	スペイン	0.776	15	オーストラリア	0.7163
16	フランス	0.942	16	英国	0.755			
17	イタリア	0.940	17	アイルランド	0.753	18	南アフリカ	0.7125
18	英国	0.940	18	シンガポール	0.707			
19	スペイン	0.938	19	アルゼンチン	0.697	21	コロンビア	0.7049
20	ニュージーランド	0.936	20	ポルトガル	0.681	22	米国	0.7042
21	ドイツ	0.932	21	コスタリカ	0.675			
22	香港(中国)	0.927	22	トリニダード・トバゴ	0.660	40	タイ	0.6832
23	イスラエル	0.927	23	イスラエル	0.656			
24	ギリシャ	0.921	24	イタリア	0.653	49	ロシア	0.6770
25	シンガポール	0.916	25	リトアニア	0.635			
26	韓国	0.912	26	ナミビア	0.623	63	中国	0.6560
27	スロベニア	0.910	27	ラトビア	0.621			
28	ポルトガル	0.904	28	チェコ共和国	0.615	65	シンガポール	0.6550
29	キプロス	0.903	29	ギリシャ	0.614			
30	チェコ共和国	0.885	30	ポーランド	0.610	67	ブラジル	0.6543
31	バルバドス	0.879	31	エストニア	0.608	68	インドネシア	0.6541
32	マルタ	0.875	32	スロベニア	0.603			
33	クウェート	0.871	33	クロアチア	0.602	70	フランス	0.6520
34	ブルネイ	0.871	34	スロバキア	0.599			
35	ハンガリー	0.869	35	メキシコ	0.597	72	マレーシア	0.6509
36	アルゼンチン	0.863	36	タンザニア	0.597			
37	ポーランド	0.862	37	ブルガリア	0.595	77	イタリア	0.6456
38	チリ	0.859	38	キプロス	0.584			
39	バーレーン	0.859	39	ペルー	0.580	80	日本	0.6447
40	エストニア	0.858	40	パナマ	0.568	89		
41	リトアニア	0.857	41	ハンガリー	0.560		カンボジア	0.6290
42	スロバキア	0.856	42	日本	0.557	92		
43	ウルグアイ	0.851	43	マケドニア,旧ユーゴスラビア共和国	0.554		韓国	0.6157
44	クロアチア	0.846	44	モルドバ	0.544	98		
45	ラトビア	0.845	45	フィリピン	0.533		インド	0.6010
46	カタール	0.844	46	ベネズエラ	0.532			
47	セイシェル	0.842	47	ホンジュラス	0.530			
48	コスタリカ	0.841	48	エルサルバドル	0.529			
49	アラブ首長国連邦	0.839	49	エクアドル	0.524			
50	キューバ	0.826	50	ウルグアイ	0.513			

(出所) 世界経済フォーラムのレポートによる。

(出所) 国連開発計画（UNDP）「人間開発報告書2006」。
＊測定可能な国数は，HDIは177か国，GEMは75か国，GGIは115か国。

議員の割合，女性の管理職の割合，女性の専門職や技術職の割合，女性の稼働所得割合等々を元にしながら，どこの国がどれくらいの女性の社会参加が広がっているかを指数で示すデータです。

表5-1で示したのは，2006年の日本のジェンダー・エンパワーメント指数のランキングです。日本は，75国中42位という位置です。これは経済の発達した国の中では，大変低い位置といわざるを得ません。また2006年世界経済フォーラム（いわゆるダボス会議）が発表したグローバルジェンダー・ギャップにおける日本の位置は，115か国中80位です。

アジア地域においても，日本の女性の社会進出は遅れています。2005年に発表されたアジア13か国地域の女性の社会進出度のランキングによれば，日本の女性の社会進出度は11位と，ほとんど最後尾に近いような状況です。

● **性差別克服に向けた日本政府の動き**

日本の政府も，現在，男女共同参画会議や男女共同参画局を中心に，女性の社会進出を進めようという動きを強めています。数値目標も出されています。「2020年までに，あらゆる分野で指導的な役割を果たす女性の割合を少なくとも30％を超えるようにしよう」というのが，その目標値です。

実はこの目標値は，かつて国連が設定した目標値でもあるわけです。しかも，国連のこの目標値の達成予定年は，1995年だったのです。日本の目標達成年は，2020年ですから，国連の設定した目標年から，25年遅れで国連の動きを追っているというふうにいってもいいでしょう。

日本社会における性差別撤廃の動きは，今，やっと始まったばかりなのです。

●学習課題

現代日本社会における主な性差別問題について調べ,その解決法を自分なりに考えてください。

●引用・参考文献

ウルストンクラフト,M.『女性の権利の擁護—政治および道徳問題の批判をこめて』(白井堯子訳) 未来社,1980年

江原由美子・金井淑子編『ワードマップ フェミニズム』新曜社,1997年

エンゲルス,F.『家族・私有財産・国家の起源』(戸原四郎訳) 岩波文庫,1965年

エンゲルス,F.『イギリスにおける労働者階級の状態—19世紀のロンドンとマンチェスター 上・下』(一條和生・杉山忠平訳) 岩波文庫,1990年

大越愛子『フェミニズム入門』ちくま新書,1996年

ブラン,O.『女の人権宣言—フランス革命とオランプ・ドゥ・グージュの生涯』(辻村みよ子訳) 岩波書店,1995年

フリーダン,B.『新しい女性の創造』(三浦富美子訳) 大和書房,1965年

ミル,J. S.『女性の解放』(大内兵衛・大内節子訳) 岩波文庫,1957年

ルソー,J. J.『エミール 下』(今野一郎訳) 岩波文庫,1964年

6 性暴力とジェンダー

> **学習のポイント**
>
> 　ドメスティック・バイオレンスやセクシュアル・ハラスメントなど主に女性に対する暴力の問題がクローズアップされたのは，ごく最近のことです。本章では，こうした性暴力の問題をジェンダーの観点から解剖します。

●性暴力をめぐる新しい視点

　性暴力，つまり性に関わる暴力の中でも，強制猥褻であるとかレイプ等々は，以前から刑法で犯罪として位置づけられ，処罰されてきました。ところが，特に20世紀後半くらいから，こうした従来の性犯罪以外の性暴力をめぐって，新しい言葉や視点が持ち込まれるようになりました。

　私たちがよく知っている言葉でいえば，例えばセクシュアル・ハラスメントやドメスティック・バイオレンス，さらにはストーカー行為や人身取引（ヒューマン・トラフィッキング）なども，性暴力として認識されるようになってきています。

　セクシュアル・ハラスメントとは，相手に対して不快な性的な言動を行うことです。ドメスティック・バイオレンスは，パートナーに対する暴力です。ストーカーは，つきまとい行為等最近よく話題になっているめいわく行為です。人身取引は，売買春，臓器売買，強制労働等々の目的のために，人間そのものを取引（売買）するような行為です。

●言葉が生み出した新たな人権への視座

　こうした新しい言葉の登場は，私たちの社会に大きな影響を与えようとしています。新しい言葉が登場したことによって，それまではあまり問題にされてこなかった問題を，人権侵害であると捉えることができるようになったからです。

　実際，名前をつけることによって，隠れた問題が表面化してくるということは，しばしばあります。先ほどふれた，セクシュアル・ハラスメントやドメスティック・バイオレンス，ストーカーや人身取引等々は，名前をつけられることによって顕在化してきた性暴力，というふうにいうこともできるのではないかと思われます。

　その結果，かつては冗談ですまされていたようなことも，セクシュアル・ハラスメントという形で批判されるようになりました。ドメスティック・バイオレンスについても，かつては夫婦喧嘩という形で処理されてきた問題だったかもしれません。新しい言葉が登場することによって，被害者自身が実は自分の今つらい状況について，それが，人権侵害だということに気がつくことができるようになったのです。

●性暴力撤廃への国際的な動き

　性に関わる暴力を撤廃すべきだと国際社会が認識するようになったのは，それほど前のことではありません。1990年代初頭，国連を中心に，女性に対する暴力撤廃が本格的に議論されて以後のことなのです。性暴力という形で認識される暴力についても，身体的暴力だけではなくて，心理的な暴力，あるいは経済的な暴力（お金を渡さないなど），社会的な暴力（例えば交際することを許さない，外に出ることを許さない，といった形で社会と接触することを制するような形で行使される）なども，暴力であるという認識が広がりつつあります。

● ドメスティック・バイオレンス

　2005年に内閣府が行った，男女間における暴力の調査があります（図6-1）。女性の場合，身体的暴行，心理的攻撃，性的強要のいずれかを一つでも受けたことがあるかどうかという質問に対して，「何度もあった」という方が10.6％，「1，2度あった」という方が22.6％，1，2度という方も含めると3割以上の女性が配偶者からの被害体験があるということです。男性の場合も，被害にあわれた方がいます。「何度もあった」が2.6％，「1，2度あった」が，14.8％で，男性も全体で17％強くらいの方が配偶者からの暴力を経験されているということになります。

　ただ，これが検挙，配偶者間の暴力による検挙ということになります

「身体的暴行」「心理的攻撃」「性的強要」のいずれかを一つでも受けたことがある

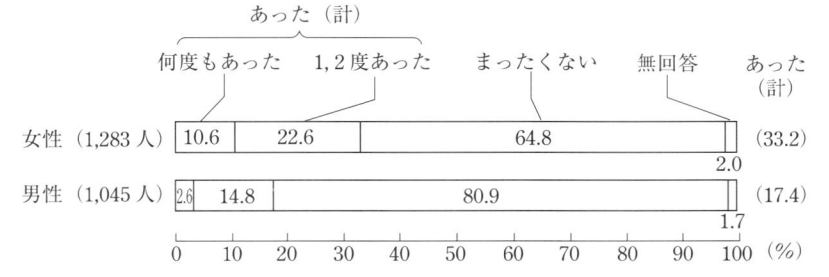

	何度もあった	1,2度あった	まったくない	無回答	あった（計）
女性（1,283人）	10.6	22.6	64.8	2.0	(33.2)
男性（1,045人）	2.6	14.8	80.9	1.7	(17.4)

（出所）内閣府「男女間における暴力に関する調査」（平成17年）より作成。
（備考）1. 身体的暴行：殴ったり，蹴ったり，物を投げつけたり，突き飛ばしたりするなどの身体に対する暴行を受けた。
　　　2. 心理的攻撃：人格を否定するような暴言や交友関係を細かく監視するなどの精神的な嫌がらせを受けた，あるいは，あなた若しくはあなたの家族に危害が加えられるのではないかと恐怖を感じるような脅迫を受けた。
　　　3. 性的強要：嫌がっているのに性的な行為を強要された。

図6-1　配偶者からの被害経験
　　　　〈内閣府『平成18年版男女共同参画白書』2006より〉

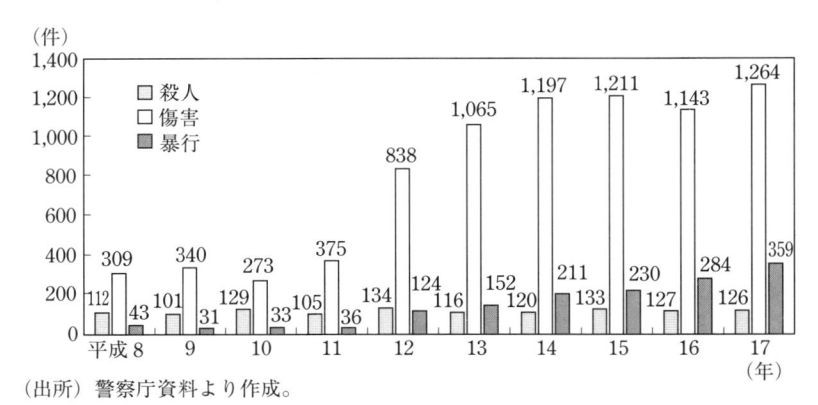

図6-2 夫から妻への犯罪の検挙状況
〈内閣府『平成18年版男女共同参画白書』2006より〉

と、暴行や傷害という形では、被害者の9割以上が女性となります。

ドメスティック・バイオレンスも、セクシュアル・ハラスメントの場合もそうですが、性暴力問題は、ジェンダーの問題と密接に関係があるということができるでしょう（図6-2）。

●顕在化しにくい性暴力

先ほど新しい言葉ができることで問題が顕在化したと述べました。しかし、性暴力の問題というのは、なかなか表面化しにくいというのも事実です。

なぜ性暴力は、表面化しにくいのでしょうか。そこにもジェンダーの問題が絡んでいると思います。

例えばセクシュアル・ハラスメントなどのケースです。「セクシュアル・ハラスメントだ」と、被害者の方が抗議しても、「これくらいのこ

とで目くじらを立てることもないだろう」といった形で，加害者本人や周辺から言われ，冗談事にされてしまうこともしばしばあります。「性暴力だ」と声を上げることが，まるで「世間知らず」で，「大人の世界のルールを破った」かのように扱われ，逆に非難をされてしまうようなことさえ起こっています。男性主導の社会の仕組みの中で，声を上げても空回り状況に置かれてしまうようなことが，セクシュアル・ハラスメントなどの場合には，時としてみられるのです。

　それだけではありません。時には，被害者である女性が，「女性たるものこうあるべきだ」という思いによって，縛られてしまっているということもあるのではないかと思います。というのも，「女性というものは，慎ましく，男性に対しては一歩引いて」というトレーニングを女性たちはしばしば受けてきたからです。こうした女性を縛るジェンダー規範は，なかなか被害にあっても声は出しにくい状況を生み出します。

● 被害者が責められる構図

　それだけではありません。性暴力がなかなか表面化しないことの背景に，被害者の側が，むしろ責任を問われてしまうという構図があるといわれます。例えば，セクシュアル・ハラスメントの場合，「派手な服装をしていた被害者の方が悪い」などという言い方がされることがあります。実際は行為をした加害者の方が悪いのは明らかです。にもかかわらず，あたかも被害者の側に落ち度があるかのような形で，被害者に批判の目が向けられてしまうということもあるわけです。

　さらに，被害者が加害者を告発した場合，告発したことで自分のつらい経験をもう一度語らなければならないというケースもあります。セカンドレイプという言葉があります。つまりレイプの被害にあった方が，そのレイプの被害にあったということを他者に知らされることでさらに

つらい思いをしてしまうということがあるのです。裁判等々で被害の実情を語らざるを得ないような場合です。また事情聴取や裁判のプロセスにおいて，被害にあったことの思い出が喚起されたり，不快な思いがよみがえってくることも含めて，被害者の側がさまざまな負荷を背負わされることがあります。

　声を上げるという行為が，時に自分の側に刃が向いてくることがあるということです。だからこそ，性暴力のケースではなかなか声を出しにくいということがみられるのです。

●学習された無力さ

　被害者が継続的に性暴力にさらされている場合，継続的な暴力の中で出口のない状況に追い込まれてしまうことで，暴力に慣らされてしまうというケースもあるといわれます。「学習された無力さ」という用語があります。暴力の下に置かれた状況に慣らされてしまうことで，そこから脱出できなくなってしまうのです。

　ドメスティック・バイオレンスのケースなどで，学習された無力さは，しばしばみられます。「なぜ，何年にもわたって暴力を受けているのに，その暴力を受けていることが人に伝えられないのか」というようなケースもたくさんあるのです。日々の暴力の中で，そこから出られないということに対して諦めてしまうわけです。

　継続的に同一人物からのレイプの被害にあったというケースなどでも，こうした学習された無力さが時としてみられます。自分の無力さに絶望してしまうがゆえに，なかなか他者に被害が伝えられないのです。

　こういうさまざまな事情が被害者を縛っています。これが，なかなか性暴力が表面化しないことの背景にある場合があるわけです。

●被害者が安心して声を上げられる環境作り

　だから，性暴力の根絶のためにも，被害者たちが背負わされている性暴力をめぐる構図に対する十分な配慮が必要です。もちろん，被害者の人権に対する十分な配慮，被害者の擁護，ということは，大前提です。また，被害者が声を上げても，その声を上げたことによってマイナスの攻撃にさらされない，被害者が声を上げやすい環境作りも重要です。裁判などでも最近は，ついたて等で，本人が傍聴者等の前に顔をさらさない形で証言できるような工夫もされ始めています。性暴力への対応においては，被害者が責任を問われない，被害者が声を上げやすいという環境をどう作っていくのかが大切なことなのです。

　また，被害者の精神的・身体的な回復に向けての十分な救済処置がきちんと整備されていることも重要です。被害者をきちんと守りきると同時に，被害に対してきちんとした形で処罰がなされるという仕組みも，きわめて大切になります。

●男性問題としての性暴力

　もちろん，性暴力で男性が被害者になる場合も存在します。例えば女性上司が男性の部下に対してセクシュアル・ハラスメントをしたというようなケースもあります。また同性間でのセクシュアル・ハラスメントというケースも当然あるわけです。

　しかし性暴力においては，加害者は，圧倒的に男性です。性暴力では，被害者が女性であることが多いため，女性問題という形で認知されがちです。しかし，加害者がいなければ性暴力は起こらないわけです。つまり，性暴力問題というのは女性問題ではなくて，加害者問題である男性の問題であるということもできると思います。

　ジェンダーという観点から，加害者になりがちな男性という問題を考

えることは，性暴力問題を解決するために，大変重要な視点なのではないでしょうか。というのも性暴力の背景には，ジェンダーの縛りという問題があるからです。つまり男性を縛っている，固定的で歪んだ「男はこうあるべきだ」という思い込みが，実は性暴力の原因になっているのです。

● **ヘゲモニックな男性性**

　男性性については，最近さまざまな研究が進んでいます。もちろん男性といってもひとくくりにはできません。いろいろなタイプ，いろいろな職業，いろいろな経歴を持った男性がいるのです。

　しかし，多くの男性が共有している心理的な傾向が存在するのではないかという議論もあります。例えば，オーストラリアの男性研究者であるR. コンネルは，「ヘゲモニックな男性性」という概念を提案しています。ヘゲモニック――つまり支配的であるということです。簡単にいえば，あらゆる面で支配的な立場に立とうとする傾向というのが男性の中に根付いているという視点です。

　もちろんすべての男性が勝者になれるわけではありません。負けることもあるわけです。でも，できれば支配的な立場に立ちたいという支配をめぐるゲームが，男性の中にはしばしばみられるというのです。

● **男性性の三つの傾向**

　私も30年近く前から，コンネルのヘゲモニックな男性性とよく似た視点で，男性たちの男らしさについて議論をしてきました。つまり，優越志向，所有志向，権力志向という三つの心理的傾向を男性性の特徴として考えるという視座です。

　優越志向というのは，競争に勝ちたい，他者より優越していたいとい

う心理的な傾向です。所有志向というのは，できるだけたくさん所有したい，その自分の所有物を自分のものとしてコントロールしたい，管理したいという傾向。権力志向というのは自分の意志を他人に押し付けたいという心理的な傾向です。

こうした優越や所有や権力への心理的傾向は，もちろん女性にもあります。しかし優越や所有や権力をめぐるゲームというのは，男性社会においては女性たち以上に根強いものがあるのではないでしょうか。男性たちは，常に，どっちが上か下か，どっちがたくさん持っているか，どちらがどちらのいうことを聞かせたかということに対するこだわりを強く持っています。もちろん個人差はあるのですが，男性がそういった優越や所有や権力をめぐるゲームに巻き込まれているということは，多くの方に同意していただけるのではないかなと思います。

この優越や所有や権力をめぐるゲームというのは，男性同士で闘われるというケースもあるわけです。そこには勝ち負けがあります。負けた側は，ある面，負け方を心得てもいます。

しかしこれが男女関係で争われるとどうなるでしょうか。男女関係で，優越や所有や権力をめぐるゲームが繰り広げられる時，男性たちにとって，これは負けられないゲームになりがちです。小学生の男の子は，運動会で男女混合の徒競走で女の子に負けると，大泣きするというケースがあります。男というものは女に対して精神的にも知的にも肉体的にも優越しなければ一人前の男ではないという刷り込みがあるからでしょう。

「男というものは女性を自分のものとして所有してコントロールできるくらいでないと，一人前の男ではない」というような思い込みに縛られている男性もいます。また「男というものは女性に対して自分の意志を押し付けられるくらいでないと一人前の男ではない」という発想も，男性には根深く存在しているのではないでしょうか。

ドメスティック・バイオレンスやセクシュアル・ハラスメント，あるいはさまざまな性犯罪，性暴力の背景に，男性たちがどこかで自分の中に内在化してしまっている，多くの場合無自覚な，女性に対する優越や所有意識，あるいは権力志向があるのではないでしょうか。

●傷つけられた男らしさ
　また，男性たちは，社会生活において，しばしば「他者に対して優越な立場にいなければならない」，「支配的な立場に立たなくてはならない」という形でゲームを展開しています。しかしそのゲームに負けた時，傷ついた男らしさ，傷ついた男の沽券というものをどこかで回復しなければいけないのです。その回復の手段として性暴力の対象として女性を選択するということも，しばしば指摘されている通りです。ドメスティック・バイオレンスのケースなどでも，リストラにあった男性が加害者になるというケースもよく聞きます。あるいは仕事でのいろいろなストレスを家庭における妻に対する暴力によって，解消するかのようなケースも，しばしば耳にするところです。

　男性を縛っている優越や所有や権力という心理的な傾向が，性暴力の原因になっているのです。もちろん，この三つの心理的な傾向の視点だけで，性暴力のすべてが分析できるとは思いません。しかし，かなり多くのケースで，この視点は有効なのではないでしょうか。

●男性の女性への依存性
　と同時に，性暴力をふるう男性にとって，力の行使だけが問題なのではないという見方も必要だと思います。というのは，男性たちは，支配と同時に，女性に対する大変強い依存心というものを持っていると考えられるからです。アメリカのドメスティック・バイオレンスのケースで，

しばしば指摘されることですが，加害者である夫が妻に対して，「I love you.」と言いながら殴るということが多くみられるといいます。「俺はお前を愛している」と言いながら殴るのです。大変奇妙にみえますが，これは「I love you.」ではなくて，「Love me, please.」ではないかと思われます。つまり「俺を愛してくれ」といっているのです。

こうした男性たちは，「女性というものは，男性のいろいろなストレスや思いをすべて受け止めて吸収してくれるべき存在である」という女性観を持っているようです。「女性というものは，男である自分たちの悩みを全部受け止め，包み込んで癒してくれるべき存在である」という見方です。ここには，きわめて肥大化した依存心，甘えの心が見出せます。

性暴力，特にドメスティック・バイオレンスにおいて，男性たちは単に支配的な立場を維持しようとしているだけではありません。威張ろうとしているだけではないのです。「威張りながら甘える」というか，支配と同時に女性に対する依存の心がそこには見出せるのです。女性のサポートを前提にしないと安定しない男性たちの置かれている状況というものが，実は性暴力の背景にもあるのではないか，と考えられます。

問題なのは，そうした男性たちが背負い込んでいる，男女関係における「男はこうあるべきだ」という固定的な観念や，無自覚な依存心に，男性自身が気づくということなのではないでしょうか。

● 加害者教育プログラム

現在では，加害者になりがちな男性に対する教育プログラムも準備されつつあります。アメリカなどでは加害者として警察に検挙された者は刑務所に入るか，あるいはきちんとした教育プログラムを受ける形で暴力を振るわない男になるためのトレーニングを受けるか，選択肢を設け

ている州などもあります。日本でも，加害者になりがちな男性の教育プログラムが，さまざまな市民団体などによって工夫され，各地でセミナーやワークショップが開かれています。

　ただし，こうした試みは，難しい問題もあります。つまり自発的にセミナーやワークショップに来る男性加害者はいいのですが，大多数の加害男性は，こうした場に赴くことはないからです。加害者として警察によって認定された者には，ある程度強制力を持って教育プログラムを受講させるような仕組みづくりも，今後は必要になるでしょう。

●予防プログラムの重要性

　と同時に，性暴力について考えなければいけないということは，予防の問題です。男性たちは，しばしば無自覚なまま固定的な女性観を持っています。あるいは逆に「男はこうあるべき」という思いに縛られています。こうした男性たちが，加害者になる前の段階での教育プログラムが必要です。

　特に，学校教育等々に，コミュニケーションのトレーニング，あるいは非暴力のトレーニングを持ち込むということが，今後は，ますます重要になるでしょう。

　性暴力の背景には，自分の思いをうまく言葉に表現できない男性たちのコミュニケーション能力の問題もしばしば潜んでいます。だからこそ，感情を暴力につなげるのではなく，言葉として表現できるようなトレーニングが必要になるのです。

　非暴力のトレーニングは，男性だけでなくて，性暴力の被害にあう可能性のある女性たちに対するものも大切です。性暴力にあいそうになった時にどういう対応でそれを乗り越えていくかというトレーニングです。また，実際に性暴力に直面した時，どういう形で自分の尊厳を回復して

いくかも考える必要があるのです。

こうした情報も含めて，非暴力についての教育といったものを，発達段階にあわせて，小学校，中学校，高等学校，大学という形で提供することが必要でしょう。しかも，こうした非暴力トレーニングを，男女ともにジェンダーに敏感な視点で組み立てていくということが重要なのです。

●**人身取引および売買春**にどう向き合うか

このように，日本の社会でも，性暴力という重要な人権侵害に対する本格的な取り組みが強められつつあるといっていいでしょう。

最後に，最近国際的に注目され始めた問題として，人身取引の問題とそれとも密接に関わる売買春についてふれておきましょう。

本章の冒頭でもふれたように，人身取引とは，かつて人身売買という言葉で表現されたこともあり，売買春を目的としたり，時には臓器売買や強制労働の目的のために人間そのものを取引するような犯罪です。特に，日本の場合，売買春関係の人身取引の問題について，国際的な注目と批判を受けていることは，おさえておく必要があるでしょう。

アメリカ合衆国の国務省は，人身取引が重要な人権侵害であるという観点で，国際的な人身取引に関する調査とその成果を発表するということを毎年行っています。2004年に発表されたこのレポートで，日本は2等級監視国という形で位置づけられました。多くはアジア，時には中南米出身の女性が売買春目的で人身取引されていると指摘されたのです。

日本の社会は，人身取引とも関連のある売買春に対する許容度が比較的高いといわれています。性風俗産業や，それと関係の深い売買春に対して，実際には，きわめてゆるい取締しか行われていません。表6-1は，2006年に行われた全国意識調査の結果です。風俗店の利用（特に，集団での利用）や買春経験が「よく」および「たまに」だけある男性に

表6-1　現代日本の性風俗と買春
（出所）独立行政法人国立女性教育会館『アジア太平洋の人身取引問題と日本の国際貢献』2007 より。

単独での性風俗店利用経験

	男性						女性					
	10〜20代	30代	40代	50代	60代以上	計	10〜20代	30代	40代	50代	60代以上	計
よくある	-	3.3	0.9	-	-	0.8	-	-	-	-	-	-
たまにある	5.1	12.1	8.6	7.3	4.5	7.7	-	0.7	-	-	-	0.2
ほとんどない	8.8	18.7	30.2	22.0	19.1	21.2	-	-	1.4	-	2.2	0.8
まったくない	86.4	63.7	55.9	66.5	67.4	66.3	98.8	97.1	97.9	95.7	93.5	96.6
無回答	-	2.2	3.4	4.3	9.0	4.0	1.8	2.2	0.7	4.3	4.3	2.6
合計 (n)	(59)	(81)	(118)	(164)	(89)	(519)	(85)	(138)	(146)	(185)	(92)	(848)

仲間や知人との性風俗店利用経験

	男性						女性					
	10〜20代	30代	40代	50代	60代以上	計	10〜20代	30代	40代	50代	60代以上	計
よくある	-	3.3	-	-	-	0.8	-	-	-	-	-	-
たまにある	11.9	15.4	17.2	11.6	10.1	13.3	-	0.7	0.7	-	1.1	0.5
ほとんどない	16.8	25.3	29.3	28.0	19.1	25.0	-	2.2	0.7	0.5	1.1	0.9
まったくない	71.2	53.8	50.0	57.3	61.8	57.4	98.8	94.9	97.9	95.1	93.5	96.0
無回答	-	2.2	3.4	3.0	9.0	3.7	1.2	2.2	0.7	4.3	4.3	2.6
合計 (n)	(59)	(91)	(116)	(164)	(89)	(519)	(85)	(138)	(146)	(185)	(92)	(848)

買春経験

	男性						女性					
	10〜20代	30代	40代	50代	60代以上	計	10〜20代	30代	40代	50代	60代以上	計
よくある	-	3.3	1.7	-	-	1.0	-	-	-	-	-	-
たまにある	11.9	20.8	15.5	10.4	9.0	13.3	-	-	0.7	-	1.1	0.3
ほとんどない	13.6	24.2	36.2	28.7	27.0	27.6	-	0.7	0.7	-	-	0.3
まったくない	74.6	49.5	43.1	58.7	83.9	53.9	98.8	97.1	97.9	95.7	94.6	96.7
無回答	-	2.2	3.4	4.3	10.1	4.2	1.2	2.2	0.7	4.3	4.3	2.6
合計 (n)	(58)	(91)	(116)	(164)	(89)	(519)	(88)	(138)	(146)	(165)	(92)	(848)

限っても，15%近くあるのです。

● **おわりに**

　最後に，暴力とジェンダーの問題について，一言付け加えておこうと思います。暴力とジェンダーという問題は，戦争と平和の問題にも深い関わりがあるのではないかと思うからです。

　すでにふれた優越や所有や権力をめぐるゲームは，しばしば男性たちを縛っています。「男とはこうあるべきだ」という固定的なジェンダーの縛りは，日常的な暴力だけではなくて，戦争という国際的な暴力の背景にも潜んでいるのではないかと思われます。

　だから，私たちが，戦争の抑止，平和な国際社会を考えようという時にも，ジェンダーという視点が，重要性を持っているのです。支配に対する病的な志向性にとらわれてきたこれまでの男性主導の文化というものを問い直していく必要があるのです。現実に，現在，国際政治学や国際関係論の中で，ジェンダーの問題，特に男らしさという観点が，戦争と平和の問題，安定した国際関係の構築の議論の中で，クローズアップされつつあります。

　私たちが，暴力から自由になるためにも，ジェンダーという視座は，多くのヒントを与えてくれるのではないでしょうか。

● **学習課題**

　ドメスティック・バイオレンスの実態とその対策について，政府の刊行物（ホームページ）や書籍などを利用して調べてください。その上で，今，緊急に求められていることは何か，考えてレポートにまとめてください。

●引用・参考文献

伊藤公雄『「男らしさ」という神話』NHK出版，2003年

「夫（恋人）からの暴力」調査研究会『ドメスティック・バイオレンス』新装版，有斐閣，1998年

独立行政法人国立女性教育会館『アジア太平洋の人身取引問題と日本の国際貢献』2007年

7 「女らしさ」という課題

> **学習のポイント**
>
> 　「女らしさ」というジェンダーの縛りについて，その形成のされ方をめぐって，男性意識とも関連させつつ考えます。さらに，女性が縛られている「女らしさ」という問題が生み出してきた諸課題にふれ，女性のエンパワーメントについて考えていきます。

●女であることの「得」？

　以前，学生に「女であることの得と損，男であることの得と損」についてアンケートをしたことがあります。

　女子学生たちが回答した，「女であることで得をしたこと」の中には，次のようなものがありました。

　「力仕事の時手伝ってもらえる」，「花やケーキを買っても恥ずかしくない」，「女性への割引，特別サービスがある」，「甘えられる」といった回答です。中には，「失敗をニッコリ笑ってごまかし，泣いて握りつぶす」などというのもありました。

　この回答を，じっくりみていくと，女性たちの「得」の背景に，女性は，「弱い」「男性に依存すべきだ」「護られるべき対象だ」という考え方があることがわかるはずです。

　その「弱さ」を「女の得」に転換するのが女性たちの「戦略」だともいえるのかもしれません。確かに，「保護される存在」であることで，結果的に，男性より女性の方が「得」なケース，「優遇」される場合は

あるでしょう。

しかし,「保護される存在」「甘えられる存在」であるということは,見方を替えれば,「一人前扱いされていない」ということでもあります。「甘えられる」というのは,その人のいうこと,することが軽視されている,あるいは責任をとるべき地位にないので見逃してもらえるということでもあるからです。このことは,仕事や能力における評価の低さにつながることもあります。

つまり,保護の対象とされる,割引をしてもらえるなどの「特権」の背後には,女性を保護する代償として,その地位を低く留めるという社会的対応があるともいえるのです。

●女で「損」をしたこと

それなら,「女で損をした」例には,どんなものがあったでしょう。まず「就職しても単純・補助労働に限定される」,「賃金,地位格差がある」など,労働や社会参加における排除や差別の問題が挙げられました。これはあきらかに女性であることを理由にした性差別といわざるを得ないでしょう。

日常生活においても,「結婚すればいいから成績はどうでもいいと親からいわれた」とか「娘に大学教育は無駄だと父がいった」などといった,「女だから」ということで期待されなかったり,逆に,枠にはめられてしまうことも,女性にとっての「損」といえるでしょう。しかもこうした言葉が親から出てくるということは,女性たちにとって二重にショックだろうと思います。

「痴漢,セクハラにあう」,「夜一人で歩くとこわい」,「門限がある」など男性にはない行動範囲・時間の限定も,女性にとって「損」として意識されていました。ここには,女性がしばしば男性にとって性の対象

物であり，性的な欲求の対象とされているという問題があります。また，第6章の「性暴力とジェンダー」でふれたように，女性に対する性暴力は，対処すべき緊急の課題であることも事実です。

　「女からデートに誘えない」，「男性は性体験を語るが，女性が語るとふしだらといわれる」など，性に関わる行動，意識面でも女性は受動的であらねばならないとされています。

　ここには，いわゆる性に関わるダブルスタンダード（二重の基準）が作用しているといえます。つまり，男性に適用される基準と女性のそれとが異なっているのです。何事にも積極的な男性は「有能な優れた人間」として評価されるのに，同じことを女性がすれば，「でしゃばりだ」「なまいきだ」と否定的に扱われることがあります。また，男性の中には，自分の性体験の多さを人前で誇る人がいるのに，女性が自分の性体験の豊富さを人前でしゃべれば，「はしたない」と後ろ指をさされることでしょう。同じことをしても，男性女性で評価が逆転しているのです。

　こうした性に関わるダブルスタンダードは，男女平等のかけごえの一方で，現代社会においても深く根を下ろしています。そして，このダブルスタンダードは，女であることの「損」の背景であるとともに，女性がこの問題について意思表明しようとする時，それを抑圧する力として，今なお作用しているといえるでしょう。

●作られる「女らしさ」「男らしさ」

　それなら，こうした「女はこうあるべきだ」という意識や社会の仕組みは，どのように生み出されてくるのでしょうか。

　この問題を考えるために，ベビーXと呼ばれる興味深い実験をとりあげてみましょう。

黄色い色のジャンプスーツを着せた赤ちゃんを前にして，周囲の大人たちがどんな態度をとるかを調べる実験です。

　被験者である大人たちは三つのグループにわけられます。最初のグループには，その赤ちゃんが女の子であると示されます。もう一つのグループには男の子であるとされ，最後のグループには男女の性別は示されないという形で，実験は進められました（実際は，この赤ちゃんは女の子でした）。また，近くに，男の子用と一般に考えられるゴム製のフットボール，女の子向きと考えられやすい女の子の人形，さらに，必ずしも，男の子用・女の子用の区別がつきにくいプラスチック製の輪が置かれていました。

　さて，実験の結果，赤ちゃんを前にして，大人たちはどんな態度をとったでしょうか。

● ジェンダー・ステレオタイプ

　実験の結果によると，女の子と告げられたグループの大人たちは人形を使って赤ちゃんと対応しようとする傾向が強く，また，男の子として紹介された大人たちは，（フットボールではなく）プラスチックの輪で遊ぼうとしたそうです（確かに，フットボールは赤ちゃんには不向きでしょう。男の子用の人形を置けば，大人たちはきっとそれを使っただろうと思います）。

　男女の区別が告げられなかったグループは，被験者の性別によって対応が異なる傾向がみられたといいます。つまり女性たちはかなり積極的に赤ちゃんと対応したのですが，男性たちは，ほとんど関わろうとしなかったというのです（実験を行った人たちは，男性たちは，女性と比べて，相手の男女の区別がはっきりしないと対応しにくくなるのではないか，と分析しています）。

おもしろいのは、この性別がはっきりしない赤ちゃんと対面した大人たちは、さまざまな手段で、この子どもが男なのか女なのかを確かめようとしたという点です。「握った手の握力が強いから男の子だろう」、とか「何とはなしの優しさや弱々しさがあるから女の子だろう」と、とにかく性別を知りたがる傾向が観察されたのだといいます。

　その後も、このベビーX実験は、さまざまな形で試みられています。冒頭の、泣き出した赤ちゃんの表情把握の実験の場合には、同じ赤ちゃんであるにもかかわらず、その子が男の子と告げられた人々は、その表情をみて「怒っている」と捉える傾向が強かったそうです。他方、女の子だといわれた人は、「怖がっている」と思い込みやすいといいます。

　いずれにしても、同じ赤ちゃんであるにもかかわらず、その子が女の子だとされれば、周囲の人々は、社会的に「女の子」向きと思われる対応を、また、男の子といわれたら、「男の子」向きの態度をとることが確かめられたのです。

　逆にいえば、赤ちゃんの段階から、ジェンダーに基づく固定的な見方によって、私たちは子どもに向き合っているということでもあります。

　さらに、性別を示されなかったグループの大人たちが、何とかしてこの赤ちゃんの性別を知ろうとつとめたように、私たちの社会においては、常にジェンダーによる区別をしたがる傾向が（他者について判断する場合のかなり重要な要素として）、ほとんど無自覚のうちにきわめて根強く存在しているということもこの実験は教えてくれるでしょう。

　このベビーX実験にみられるように、私たちの社会では、（生物学的に女であるかどうかにかかわらず）「女の子」だといわれれば、周囲の人々が「女の子」向けの対応をする傾向が強いのです。ということは、当の本人は、「あなたは女の子ですよ」という視線で常にみられているということでもあります。

私たちの暮らす社会には，このようなジェンダーによるステレオタイプ（一面的で固定的な把握の仕方）が存在しているのです。

●幼児体験とジェンダー

　子どもたちは，こうして，常に外側から「女」であるか「男」であるかの区別をつけられ，その性別に見合う態度を要求され続けます。まさに，ジェンダーは，幼児期からのコミュニケーション・プロセスの中で作られたものなのです。

　そればかりではありません。近代社会成立以後の主に女性が育児に関わる状況の下では，子どもたちは，幼児体験を通じて，「女らしさ」や「男らしさ」を身につけていきます。

　例えば，ナンシー・チョドロウの『母親業の再生産』での議論は，私たちに，かなりの説得力をもって，ジェンダー意識の形成を説明してくれているように思われます。

　彼女は，私たちの抱く，男女の社会的なイメージもまた，幼児期のコミュニケーション・プロセスの中で形成されたものであることを，比較的わかりやすく解説してくれます。

　まず男の子からみてみましょう。チョドロウによれば，男の子たちは，多くの場合，（近代産業社会以後の女性が主に子育てを担うという社会を前提にしてのことでしょうが）主に彼らを育てる母親との関係で，当初は，身近な存在である母親と一体になりたいという気持ちを持つといいます。でも，この男女の性差が強調される社会で，女である母親は，意識的・無意識的に「お前は（私とは違う）男だ」（女性ではない）という形で対応しがちです。その結果，男の子は，女の子に比べて，早い段階から，母親からの精神的な分離が強く要求される傾向があるというわけです。最も重要な他者である母親から切り離された男の子は，その

ため,自分を取り巻く外部との関係に距離をとりたがる傾向(客観性の重視)を持ちやすいと考えられます。それは,男の子に,他者との共感の能力や親密さの感情というものを抑制させることにもなります。これが,クールに外界に対応するという男性の傾向を生み,また逆に,他者との共感能力や親密さへの忌避傾向を作り出すというのです。

　その一方で,母親から切り離されたということは,男の子に強い不安を生み出します。男の子たちは,その不安を抑制するために,自分の周りの人やモノを,何とかコントロールし支配しようとするでしょう。このコントロールしようという気持ちは,自分の周りの世界をできるだけ単純化し,合理的に枠づけてしまおうとする傾向と結びつくと彼女は指摘しています。クールで冷静な男,女性と比べて他者との感情的な共感能力が弱い「男らしさ」の意識がこうして作られるというわけです。

　チョドロウの議論は,「女らしさ」についてもうまく説明してくれます。というより,彼女の研究は,むしろ「女らしさ」の再生産が中心的なテーマなのです。つまり,男性と比べて,同じ性である母親に育てられた女の子たちは,幼児期を通して母親と緊密な関係性を維持し続けます。母親との断絶がない女の子は,他者との連続性や共感能力を男の子よりも身につけやすいというのです。しかし,同時に,他者である母親への依存の傾向を保持しやすいともいいます。こうして女性たちの方が,より他者への(最初は母への,そして成人後は男たちへの)依存の傾向を強く持つようになるというわけです。

　チョドロウは,「女らしさ」や「男らしさ」が再生産されていく構図を,このような子育て環境と結びつけて,きわめて説得力を持って分析してみせたのです。

●メディアが作るジェンダー意識

　家庭における育児環境だけが，ジェンダー意識を身につけさせるわけではありません。子どもたちを取り巻く社会環境やメディアもまた，子どもたちのジェンダー意識を構成し，ジェンダー化された社会の仕組みを再生産していくのです。

　というのも，メディアが映し出す世界には，ジェンダー図式が刻印されているからです。少しずつ変化が生じてはいるのですが，メディアの世界では，しばしば，男性は能動的・活動的で中心的な役割を担うように描かれ，女性は受動的で支援的役割を担うように描かれる傾向が強いのも事実です。

　子ども向け番組においても事態は同様です。というより，大人向けと比べて，パターン化された役割やストーリーが目立つ子ども向け番組こそ，ジェンダーによる色づけがよりはっきりしているといった方がいいくらいでしょう。

　そもそも，子ども向け番組には，女性の姿が少ないのです。例えば，『ドラえもん』に登場する成人女性の多くは，（自営業のジャイアンのお母さんを除けば）専業主婦のお母さんたちで，男の子以外の主要登場人物といえば，しっかりもののしずかちゃんくらいしかいないのです。いわゆる「紅一点」です。また，5人の戦士が敵と戦うという形が多い，「超戦隊もの」の歴史を見ても，5人の戦士のうち，当初，女性は一人だけしかいなかったものです。最近は，2人女性というものが多いのですが，そのキャラクターについては，すでにはっきりとパターンができています。つまり，一人は積極的なお転婆タイプで，もう一人は，どちらかというとフェミニンな優しいタイプなのです。

　ただし，最近は，ジェンダーについて配慮した子ども番組が増えつつあるのも事実です。

●再生産されるジェンダー構造

　こうしたジェンダーによる二分類の構図は，成人になってからも基本的に維持されます。というのも，私たちの生活している社会そのものが，ジェンダー化された社会であるからです。家庭生活においても，職場でも，また地域社会でも，男と女の二項図式は，私たちの身体にしっかり染み付いています。しかも，日常的な相互行為の中で，私たちを取り巻く人々は，自分に与えられたジェンダー役割を演じているし，他者に対してもそうした役割を要求しがちです。

　もちろん，個々人は，おかれた状況の中で自発的で多様な反応をすることが可能です（例えば，「私は，私だから，男・女に関わらない形で行為したり発言したりしますよ」ということは可能です）。しかし，一人一人の判断やおかれた状況が多様であっても，周囲の人々の対応や行為が，ジェンダー化された社会の構造を反映しているかぎり，言葉本来の意味での自発的な行為はすることはなかなか困難です（第1章で述べたように，相互行為の中で「浮いて」しまうことになります）。また，そもそも，幼児期から身体に染み付いているジェンダーから完全に自由であるといえる人も少ないでしょう。そうした文脈の中で，ジェンダー化された発言や行為をするということが，そのまま，自分のジェンダー意識を補強することになるのです（ジェンダー化された社会では，ジェンダーの文脈に従って行為したり発言したりする方が，スムーズに他者との相互行為が行われやすいということも第1章で述べました）。

　こうして，ジェンダー化された社会の構造は，日常的な，他者（あるいはメディアを通じた情報）との相互作用の中で，日々，再生産されていきます。

　ジェンダーは，明らかに，社会や文化が作り出したものです。しかし，

同時に、ジェンダー化された社会の中でジェンダーが再生産されていく構造は、なかなか変えにくいところがあるのも事実なのです。

●**男性の女性観**

　男性が女性を見る時にも、やはりさまざまな古い固定的な視点を維持されている方がたくさんおられます。これも、「女らしさ」をめぐる現代の重要な課題といえるでしょう。

　そもそも女性を一人前の存在としてみない男性もたくさんいます。労働組合の女性部で連続して講演を頼まれたことがありました。講演が終わってお茶を飲んでいる時、毎回同じ話が出てくるのです。どういう話かというと電話の話なのです。働いている職場に電話がかかった時に、対応すると、相手の男性が「何だ女か、人はいないのか人を出せ」といわれるのだそうです。「誰かいないか、誰か」ともいわれるそうです。「私たちは人ではないのですか」とみんなが怒っていました。日本語を喋っていますから、人間であるのはたぶん理解してるのでしょうが、電話をかけてきた男性たちにとって、こうした女性は「人」ではないのだと思います。つまり、「お前は女ではないか、一人前の判断できる人ではないから判断できる人、つまり男を出せ」ということです。

　男性の側の「女性は一人前ではない」といった思い込みは、性差別の大きな原因です。だからこそ、自由で公正な社会を作るためには、「女とはこういうものだ」という男性の側の固定的なジェンダー意識を変革することが、きわめて重要な課題になるのです。

●**女性のエンパワーメントに向けて**

　こうした男性の思い込みとともに、女性自身が、「女らしさ」の呪縛にとらわれているということもあります。

こうした「女らしさ」の呪縛が，極端な形で現れると，時には，思春期やせ症や摂食障害など，精神的身体的症状に結びつくことさえあります。

　また，「男性をたてて」「一歩ひいて」というトレーニングは，女性の社会的参画にとって，大きな障害になっていることも明らかです。

　これから女性がさまざまな社会で活躍していただくためにも，女性がいつの間にかとらわれている「女はこうあるべき」という固定観念＝固定的なジェンダー意識から，女性自身が解放される必要があるのです。

　女性が知らず知らずのうちに，自分を縛ってしまっている状況を改善するための議論の中でよく使われる言葉が，エンパワーメントという言葉です。エンパワーメントとは，「力をつける」ということです。ただし，この言葉は，もう少し深い意味合いを持っています。いろいろな理由で，差別や偏見によって，自分の力を低く見積もってきた人たちが，自分の力を再発見して，それを発揮していくことを応援するようなプロセスを，このエンパワーメントという言葉は意味しているからです。女性はしばしば，「前に出るべきではない」というふうな形で自己規制してしまっています。むしろこれからは，女性が，自己規制してきた自分の力を発見して，これを自由に発揮できるような環境作り，それを支えるような仕組みというものが大変重要になってくると思います。

　自分の持っている潜在的な力を発見してそれを生かしていくというエンパワーメントの視点は，これまで家事や育児について「そんなことは男にはできない」と語ってきた男性たちにとっても，大切な課題なのではないかとも思っています。というのも，家事も育児も，基本的なことは男性にもできることだからです。

　生活者に向けての男性のエンパワーメントについては，次の第8章で考察したいと思います。

●学習課題

　身の回りの生活の中で,「女である」ことで生じる諸問題を見つけ出して,その理由と解決法を考えてみてください。

●引用・参考文献

ゴロンボク, S. & R. フィバッシュ『ジェンダーの発達心理学』(小林芳郎・瀧野揚三訳) 日研出版, 1997年

チョドロウ, N.『母親業の再生産』(大塚光子・大内菅子訳) 新曜社, 1981年

8 「男らしさ」のゆくえ

> **学習のポイント**
>
> 　現代社会におけるジェンダーのゆらぎの中で，男性たちもまたさまざまな問題と直面しています。こうした，男性性の危機や男性問題についての考察もジェンダー研究の重要な課題です。また，女性解放運動など女性たちの動きと連動して生まれた，男性学や男性運動などについても考察を加えます。

● 「男」というジェンダー

　ジェンダーについての議論といえば，多くは，女性に対する差別，あるいは，女性をめぐる固定的なジェンダーの縛りの発見とその告発や批判に向けられてきました。しかし，ジェンダー研究という観点は，当然のことながらもう一つの性である男性に対しても，眼を向けることになります。実際，性差別や性暴力の背後に男性が抱いている固定的なジェンダー意識があることは明らかです。性差別問題，ジェンダー問題の解決には，女性問題への視線とともに，もう一つの性である男性性というジェンダーへの視座は，不可欠だろうと思われます。

　というのも，男性たちの女性をめぐる固定的な観念，意識が変わらない限り，性差別や性暴力の問題は，解決しないと考えられるからです。

　同時に男性性というジェンダーに光をあてることで，男性も「男というものはこうあるべきだ」という固定的なジェンダーに縛られ，窮屈な思いをしていることもみえてくるでしょう。ジェンダーに縛られること

で男性自身が問題を抱え込んでいるという視点です。

　男性社会は，女性に対して，差別的で抑圧的な部分を含んでいたのは明らかです。と同時に，男性にとっても男性社会は多くの問題を含んでいるのではないか，男性が，背負い込んでいる「男とはこうあるべきだ」というジェンダーの縛りが男性自身に矛盾を背負い込ませているのではないか，こうした観点から，男性というジェンダーを議論することも必要でしょう。

●「男性問題」の時代

　男性が抱え込んでいる，「男とはこうあるべきだ」というジェンダーが生み出す問題，いわば「男性問題」が，現代社会において，さまざまな面で浮上しています。男性問題について，日本社会で本格的な問題提起がされたのは，1980年代のことでした。特に，1989年は，昭和天皇が死去し，昭和の時代が終わった年であり，ベルリンの壁が崩壊し，冷戦が終焉した時代の大きな転換点でした。日本においてもさまざまな形で男性たちのはらむ矛盾があらわになろうとしていたのです。

　この1989年の暮，私は，朝日新聞での対談で，「1990年代は男性問題の時代になる」という予想を発表しました。その背景にはいくつか理由がありました。一つには，国際的に広がりをみせていた女性たちの動きがありました。1970年代から，国際社会は女性差別撤廃の動きを強めてきました。女性たちは次第に声を上げ，社会参加を拡大し，意識を変え，社会の仕組みを根本的に変革する動きをみせ始めていました（伊藤，1993）。

　しかし，女性だけが意識を変え，社会参加を広げていっても，もう一つの性である男性たちが旧態依然の意識や固定的な女性観を持って対応する限りは，性差別の問題はなかなか解決しません。女性の運動の広が

りは，当然のこととして男性の意識改革や，男性の生活スタイルの変革を要求し始めるでしょう。男性の意識やライフスタイルに変化を求める女性たちの声は，反発も含めて，男性側の動きを生み出すことになる，というのが私の予想でした。

　もう一つの理由は，男性自身の変化の予感でした。男性社会の行き詰まり状況の中で，男性の側から，男性の生き方が問われるようになるのではないか，と予測しました。実は，男性も，男社会の中で，人間らしいとは，とてもいえないような仕事人間の生活を強いられてきました。また，男としてのさまざまな矛盾を背負い込んでもいます。そのことに少しずつ男性たちも気がつき始めるのではないか，いわば男性自身の生き方の地殻変動が始まるのではないか，という見立てでした。

　社会学者は，現実の社会を冷静に見つめて，次の社会がどういう形で展開するのか，そこにはどういう問題があるのか，問題の解決のためには何を準備すべきなのかを見通すということが，重要な仕事なのだと思います。その意味で，「1990年代，男性問題が社会問題化する」という私の予想は，それなりに成功したのではないかと思っています。

●いじめ自殺とジェンダー

　実際，90年代に入ると，さまざまな場で，男性の生き方や男性の意識が，本格的に問い直しを迫られることになりました。

　その一つの例として，いじめ自殺の問題をみてみましょう。当時，子どもたちのいじめ自殺を調べた時，きわめて興味深い事実に直面しました。いじめ自殺，つまりいじめを原因として，死を選ぶしかないところまで追い詰められてしまう子どもたちのケースです。大変悲惨な事例が多いのも事実なのです。

　このいじめ自殺をジェンダーの観点からみると大変特徴的なことがみ

えてきます。1980年代から2000年ぐらいまでの20年間、新聞などで報道されたケースを整理してみると、自殺したのは、ほぼ8割強が男の子だったのです。

　ここにもジェンダーの問題が潜んでいるとはいえないでしょうか。というのも、男の子たちは、小さい時から、「男はこうあるべきだ」というトレーニングを受けていると考えられるからです。「男の子でしょ、泣くんじゃないの」という言葉は、今でもよく聞きますが、「女の子でしょ、泣くんじゃないの」とはなかなかいわないでしょう。男の子たちは、「自分の弱みを外にさらしてはいけない」、「感情を表に出してはいけない」というトレーニングを小さい時から受けているのです。

　弱みをさらせない生き方を身につけた男の子たちが、いじめという事態に直面した時に、彼らはどうするでしょう。大阪の中学校の男女を対象にしたNPO法人SEANの調査によると、いじめと直面したとき、男子生徒は、女子生徒と比べて、圧倒的に「誰にも言わない」と答える者が多いといわれます。他人に話せば、自分の「弱み」をさらすことになるからでしょう。また、自分の感情をうまく表現できないということも、理由の一つでしょう。

　他方で、女の子たちは、小さい時から、「他人の感情に十分配慮しながら、感情をうまく取り扱いなさい」というトレーニングを受けています。だから、女の子たちは、いじめにあった時にも、先生に話すなり、友達に話すなりして、他者と共感しあえる回路を、男の子以上に持っているのです。

　ところが、男の子たちは、自分のいじめられている状況を他者とうまく共有できません。弱みを他者にさらすことができないために、自分の内部に抱え込んでしまいがちです。しかし、いつか耐え切れなくなります。結果として、死を選ばざるを得なくなるところまで追いつめられる

ケースもあるのではないでしょうか。

　もちろん，この視点ですべてのいじめ自殺が分析できるとは思いません。しかし，なぜ男の子にいじめ自殺が多いのかを考察する上で，こうしたジェンダーの観点は，一定の有効性を持っているだろうと思います。

●過労死問題と男らしさ

　「自分の弱みをさらさない」，「感情を抑制する」，「問題は自分一人で解決しなければいけない」という縛りは，子どもたち以上に中高年男性，成人男性においてはより強く要求されているでしょう。男性たちは，自分が背負い込んだ「男たるもの，こうあるべき」という思い込みで，自分自身を追い詰めてしまっているということもあるのではないでしょうか。

　その表れが，1990年代ぐらいから国際的に注目を浴びるようになった過労死の問題です。「過労死」という言葉はすでに海外でも通用する日本語だといわれています。女性の過労死もありますが，圧倒的多数は，男性のものです。長時間労働の中で，あるいは不況の中で苦しんでいる男性たちですが，なかなか弱音がはけません。「感情を抑制せよ」という男性性の規範もあって，自分のつらい思いもなかなか人に伝えられません。ちょっと体を壊しても，「男だろう，頑張れ」，という内部の声に励まされ，つい無理をしてしまう。無理がたたって体を壊す。時にはそれが死につながる。長時間労働という日本社会の特徴にも規定されているのでしょうが，男性たち自身が，「男はこうあるべき」という思い込みの中で，自分自身をがんじがらめにしてしまっているところも，こうした男性の過労死の背景にはあるのではないでしょうか。

●急増する中高年男性の自殺

中高年男性の自殺の急増も、典型的な男性問題でしょう（図8－1参照）。実は、1990年代の初頭、私は、「中高年男性の自殺が上昇し始めている」という警告を発したことがあります。

自殺死亡率のデータが、中高年男性の自殺の微増を示していたのも一つの理由です。と同時に、1990年代前半ぐらいの、「いのちの電話」についてのレポートもまた、この予想を支えてくれました。周知のように、「いのちの電話」は、悩みを抱えた人たちが、電話で相談するという機関です。この「いのちの電話」に、1990年代前半、大きな変化がみられたといいます。それまであまり相談してくることのなかった中高年男性の相談が、急激に増えてきたというのです。

こうしたデータをもとに、「中高年男性の自殺急増」を予想したわけです。今ではよく知られているように、残念ながら、この予想は、的中しました。特に、1990年代後半から、3万人近くも、年間自殺者が恒常化するに至ったのです。うち3分の2強が男性であり、特に中高年男性の自殺が目立ったのもよく知られた事実です。

90年代、バブル崩壊と景気後退、不況の中で、男性たちが、さまざまな悩みに直面したということが、男性の自殺率の急増の大きな理由であるのは明らかです。しかし、同時に、困難に直面した男性たちが、

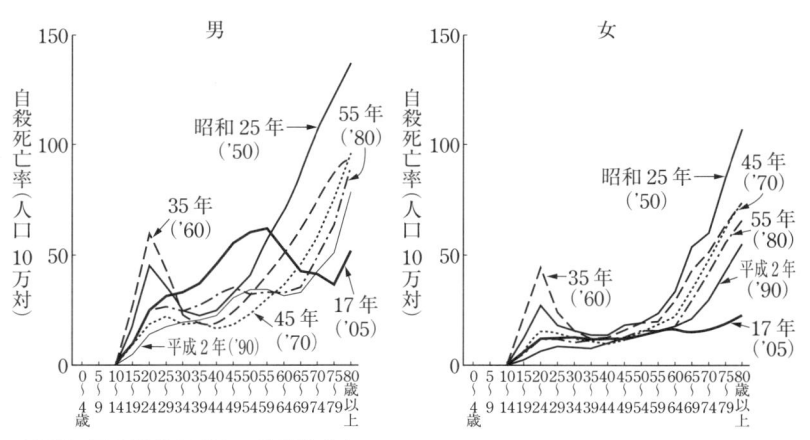

（出所）厚生労働省「人口動態統計」。

図8－1　性・年齢階級別自殺死亡率（人口10万対）の年次推移

「男は弱みを見せるな」という縛りの中で，なかなか自分の悩みを訴えることができない状況におかれたことも，男性の自殺の急増の背景にはあったはずです。いじめ自殺の男の子たちと同様に，悩みを自分で抱え込んで，誰とも共有できない男性たち。誰かと相談できれば，誰かに自分の思いを共有してもらえれば，脱出できる場合もあったのではないかとは思いますが，多くの男性たちは，そうした回路を持ち合わせていないのです。回路を絶たれた男性たちは，最後の手段として自ら死を選ばざるを得ないということでしょう。

●増加する定年離婚

仕事中心の生き方の中で，男性たちもさまざまな苦労をしながら，「さて老後は妻と一緒に旅行でも」などと思っていると，定年離婚を突きつけられたりします。熟年離婚や定年離婚が目立って増えたのも，90年代のことでしょう。ここにも，「男は仕事」という男性の生き方が生み出した矛盾が現れているのではないでしょうか。

男性たちの多くは，仕事に追われる生活の一方で，夫婦関係において，「制度としての結婚」に安住し，妻との関係をきちんと築いてこなかったのではないかと思われます。結婚という「制度」の中にあるのだから，「二人はずっと一緒だ」と思い込んでいたのかもしれません。

ところが，女性たちは，子育ての期間から始まって，いろいろな不満を夫に対して抱き始めます。夫婦間のコミュニケーションが必要なのに，「結婚しているからお互いがわかり合って当然」と考える男性たちに対して，女性たちは不満や不安を募らせてきたのです。

多くの男性は，こうした夫婦間のディスコミュニケーション状況に，きちんと向き合うことがなかったのです。それが定年という人生の節目に，妻の側からの離婚の申し出という形で，顕在化してくるのではない

でしょうか。実際，家庭裁判所の離婚調停のデータによると，7割以上が女性が言い出す形になっているといわれています。

　男性は離婚を言い出された時は，「まさか自分の妻が離婚をいい出すなんて」となることが多いのです。しかし，妻からいわせれば，もう何年も前から準備していたということもしばしばあるのだということです。

　定年離婚ということになると，女性の側は，それなりに老後の生活を設計しながら，離婚を決意することが多いといわれます。それなら，男性の方はどうでしょう。定年離婚をされた男性を調べたデータによると，定年離婚となった男性の平均寿命は，男性全体と比べて10年ほど寿命が短くなるといいます。身の回りのことが自分でできない，生活自立能力がないということが一つの理由でしょう。でも，それだけではないはずです。多くの男性は，妻のサポートを前提とした生活スタイルを築いてきました。だから，この妻のサポートがなくなった時に，自分を精神的に支えきれないケースも多いのではないでしょうか。

●濡れ落ち葉から夫在宅ストレス症候群まで

　離婚されないまでも，妻にまとわりついていやがられる「濡れ落ち葉」型の老後しか待っていない男性もいます。中には，定年後に夫がいることで，妻がストレス症状を抱え込んでしまう「夫在宅ストレス症候群」というケースもあるといいます。それまで，自由に食事をしたり，テレビをみたり，気ままに行動してきた妻たちが，定年後の夫が家にいることで，気詰まりになって，それが理由で，身体や精神に変調をきたしてしまうというケースです。これは女性にとっては迷惑な話です。しかし，この事態は，男性にとってもつらいのではないでしょうか。最愛の妻が，自分が家にいることで病気になってしまうのだから。しかもそれを作り出したのが，自分自身の存在であるということに気がついた時，

男性の側もショックだろうと思います。もちろん，こうした老後の悲劇のこの背景には，仕事中心の生き方をしてきた男性の生活スタイルの問題が控えているのでしょう。

と同時に，「夫婦は一心同体」と勝手に思い込み，コミュニケーションを通じて，夫婦関係や家族関係を築くということを怠ってきた，男性の側の責任も大きいのではないでしょうか（清水，2004）。

● 「男性運動」の展開

見方を変えれば，男性の意識や生活スタイルそのものが，男性自身の生きづらさを生み出しているのではないか，ともいえます。だから，男性自身が，ジェンダーの観点でもう一度自分の意識や生活を問い直すことは，女性のためだけではなく，男性自身のためにも大変重要な意味を持つことでしょう。

こうした男性たちの生き方を，男性自身が共同で問い直す動きも，少しずつですが生まれ始めています。「女性運動」に対する，「男性運動」

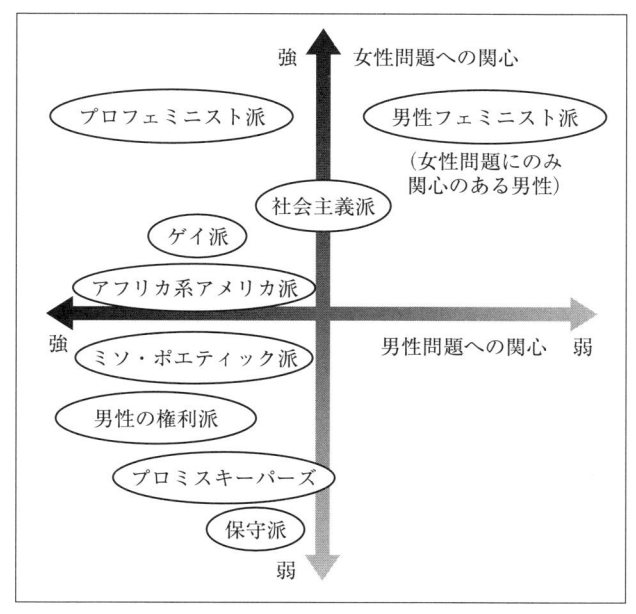

図8-2 男性問題・女性問題の関連からみたUSAにおける男性運動（伊藤，2003）

の発展です。

　男性運動は，最も女性解放運動が激しかったアメリカ合衆国で，1970年代に産声を上げたといわれます。声を上げ始めた女性たちに触発される形で，男性たちも反応を開始したのです。ここでは，主にアメリカ合衆国における男性運動の展開を中心にして，この動きについて述べていこうと思います（図8-2参照）。

　最初に登場したのは，こうした女性たちの運動を支持する男性たちでした。いわば「男性フェミニスト」とでもいえる人たちです。ただ，こうした男性フェミニストは，女性問題には関心があるが，実は自分たちの性である男性が抱えこんだ問題に関してはほとんど目を向けることはなかったのです。

　そのことに対する反省の中で，「性差別に反対する全米男性機構」というグループが，1980年代に結成されることになりました。この男性運動団体は，三つの原則があるといわれています。一番目は，「男女平等」，つまり「性差別に反対すること」です。二番目には「ゲイ・レズビアンの平等」いわゆる「性的マイノリティの権利の問題」への対応があります。三番目に「より豊かで深く意義のある生き方をしたいと願う男性たちを支持すること」が挙げられます。男性たちもこの男性社会の中で非人間的な生き方をしてきました。そこから，男性を解放しようという声がここには含まれているのです。

●多様な男性運動

　1980年代のアメリカでは，同性愛者の男性運動も大きく発展しました。キリスト教文化が強いアメリカでは，同性愛者はさまざまな形で差別されてきました。社会的にも，ホモフォビア（同性愛嫌悪）に基づいた，差別・偏見や社会的排除の構造が根強く存在していたのです。

人種差別問題と男性問題が絡む形で，行動を開始した男性たちもいました。アフリカ系アメリカ人の男性運動です。アフリカ系アメリカ人（いわゆる黒人）は，さまざまな人種的偏見にさらされてきました。性的な面での偏見もそこには含まれていました。「アフリカ系の男性は性欲が強い」とか「マッチョで攻撃的で女性をレイプしかねない」といった偏見は，「アフリカ系である」という人種差別問題と，「男性である」というジェンダー問題の双方から生じたものです。こうした偏見や差別に声を上げようというアフリカ系アメリカ人の男性運動は，ワシントンDCにおける「100万人行進」など，大きな動きを生み出したのです。
　人権や差別の問題に敏感な団体ばかりではないというのが，多様性の国であるアメリカ社会の特徴です。当然のことながら，保守派の男性運動，つまり，古い男性中心の社会の理想だと考える男性運動もあります。

● 男性差別への告発
　これもいかにもアメリカらしい運動ですが，男性の権利擁護運動もあります。この運動は，1970年代，女性運動に対抗する形で誕生したといわれます。ベトナム戦争が継続されている時代には，「なぜ男だけが徴兵に取られるのか（これは男性差別ではないのか）」という声も発せられました。こうした男性の権利擁護の動きの中から，「フリーメン運動」なども生まれることになりました。
　男性の権利擁護＝男性への性差別告発の運動であるこのグループのパンフレットには，次のようなことが書かれていました。「なぜなのだろう。女が男より平均して8年間長く生きるのは？　男が女より3倍も多く自殺するのは？　殺人事件の犠牲者の75％が男なのは？　10％の男しか，子どもの保護養育権を勝ち取れないのは？　学校の重大な問題でチェックを受ける生徒の大多数が，男の子なのは？　刑務所での男女比

率が25対1なのは？　救急患者の3分の2が男なのは？　落第者の3分の2が男なのは？　男は女の25％しか医者に行かないが，入院が15％長引くのは？　15歳から24歳までの少年の死因の80％が事故，自殺，あるいは殺害なのは？」

　男もまた，男であるがゆえに，社会的にマイナスを背負わされているという声です。こうした視点は，確かに意味のあるものだと思います。しかし，その一方で，女性差別という観点を見落とし，男性の問題しか考えていないというところが気になるところです。

●父親運動の動き

　男性の権利擁護運動の中でも，最も重要な問題として注目されたのは，父親の養育権をめぐる運動だったでしょう。離婚件数の多いアメリカ社会では，離婚後の子どもの養育権をめぐる争いがしばしば発生しています。ところが，裁判所は，この養育権をほとんどの場合，妻の側に与えてしまうのです。子育てに積極的に関わってきた男性でさえ，養育権が確保できないということもしばしばあります。父親たちは，「これは，典型的な男性差別ではないか」と声を上げたのです。こうした父親運動は，1980年代には，全米でさまざまなネットワークを形成しつつ行動を開始します。

●ミソ・ポエティック運動

　1980年代後半，アメリカ合衆国で，大変おもしろい運動が生まれました。ベトナム戦争時代に，反戦運動家として活躍したこともある，ロバート・ブライという有名な詩人が始めた男性運動です。いわゆるミソ・ポエティック運動といわれるものです。ミソというのは神話，ポエティックは詩ということです。ブライは，「男性たちがすごく傷つきや

すくなっている」「男性たちが男という自分のアイデンティティにゆらぎを感じるようになっている」と指摘します。そして、「なぜ男の人たちが傷つきやすくなったのか」と問いかけるのです。

彼によれば、現代社会には、「一人前の男」になるための「イニシエーション（通過儀礼）」が消滅してしまったことにその原因があるのだといいます。前近代社会であれば、さまざまな形で男性が子どもから一人前の男になるという儀式がありました（日本の元服などを思い出してもいいでしょう）。こうした儀式を通じて、男性たちは一人前の男としての自覚を形成していったのです。ところが、近代社会はそうしたイニシエーションのチャンスが失われてしまいました。

また、アメリカも日本と同様に、男性が仕事人間で家庭を放棄しています。父親不在が広がっているのです。こうした状況は、男の子たちに、身近な男性のモデルの不在を生み出します。その結果、安定した男性イメージを男の子たちが形成できなくなっているのです。傷つきやすく、不安に悩む男性の増加は、ここに原因がある、というわけです。

失われた男性性の回復が、ブライたちの運動の目的になります。彼らは、男同士で森に行って、共同生活のキャンプをしたり、あるいはかつて自分をきちんと世話をしてくれなかった父親と向き合って対話をするという活動を推進していきます。こうすることで、傷つきやすい男性性から安定した男性性を確立する動きを進めていこうとしたのです。

● プロミスキーパーズ

アメリカ最大の男性運動となったのは、1990年代に入って生まれた「プロミスキーパーズ」の運動だったでしょう。この運動は、保守系のキリスト教団体の男性運動として著名です。

1997年に、ワシントンDCで、50万人の大集会を開催するなど、当

時，全米で数百万人の会員をかかえた巨大な男性運動です。彼らの主張は，「男性は家庭や地域に帰ろう」という，一見，女性にとってもプラスに感じられる内容をともなったものでした。しかし，ベースにあるのは，保守的なキリスト教であるため，「家庭のリーダーは男性である」，「地域のリーダーは男性である」という男性主導の発想だったといわれています。

この運動に対して，全米女性機構女性団体など女性団体は，大変厳しい批判を行いました。「家庭や地域に帰ろう」といいながら，実際は家庭や地域でもう一度権力を取り戻そうとしているのではないかという批判です。

● 日本における男性運動

日本においても，1990年代に男性運動が生まれました。1991年発足の「メンズリブ研究会」は，その代表例でしょう。もちろん，それまでの日本社会にも，「男の子育てをする会」や「男も女も育児時間を！連絡会議」など，さまざまな男性の運動がありました。しかし，男性が男としての生きづらさを自分たちで考えようという動きの中で生まれた運動としては，おそらくこのメンズリブ運動が，最初のものだったはずです。

このメンズリブ運動のスローガンは，「男らしさから自分らしさへ」というものでした。つまり無自覚に背負い込んでいる男らしさから自由になろうという主張です。関西で始まったこのメンズリブの呼びかけに答える形で，その後，日本全国に多様なメンズリブのグループが形成されました。1995年には，大阪にメンズセンターも開設され，さらに96年からは毎年，「男のフェスティバル」が開催され，全国から男性の生き方を考える男女が集まって，男性問題について活発に議論が展開され

ました。

●おわりに

こうした男性の動きは、ヨーロッパでもタイや韓国などアジア地域でも、さまざまな形で生まれ、発展しつつあります。

男性というジェンダーを問い直し、男性の人間らしい生き方を発見していこうという動きは、1990年代から、21世紀にかけて、国際的に大きな流れを形成しつつあるといってもいいでしょう。そこで、大きなテーマになるのは、当然のことながら、ジェンダー平等という問題と同時に、男性たちの家庭生活や地域生活の再生をいかにして達成するか、男性の失われた人間性をいかにして回復していくか、という問いかけでしょう。そして、この問いかけは、これからもますます重要な意味を持っていくことだろうと思われます。

●学習課題

現代日本社会における「男性問題」について、その現状と背景について調べてください。

●引用・参考文献

伊藤公雄『〈男らしさ〉のゆくえ』新曜社、1993年
伊藤公雄『男性学入門』作品社、1996年
伊藤公雄『「男らしさ」という神話』NHK出版、2003年
清水博子『夫は定年　妻はストレス』青木書店、2004年

9 労働とジェンダー

学習のポイント

現代社会におけるジェンダー問題にとって、労働はきわめて重要なテーマです。労働の場における男女間格差の問題や、男性の長時間労働の問題などを分析しながら、男女ともに社会参画と家庭参画が可能なワーク・ライフ・バランス社会について問題提起します。

● **人間にとって労働とは**

労働という問題は、私たち人間にとって大変重要な意味を持っています。私たちは労働を通じて、生命や生活を維持してきました。人間がその文化を発展させてきたのはまさに労働を通じてのことであったのです。そればかりではありません。人間は、労働を通じて、他者との社会関係を生み出してきました。さらに労働によって、自分自身を表現したり、自分の可能性を広げてきたのです。つまり、労働は、単に人間が生存するためだけのものではなく、人間にとって社会の絆の形成や、自己確認、自己実現の一つの重要な場であると考えられるのです。

● **性別役割分業の仕組み**

労働の問題をジェンダーの観点から考えてみると、現代社会には大きな問題が横たわっていることがわかります。男女間の労働における溝が広がっているからです。現在ではこの問題を性別役割分業という言葉で表現することがあります。「男は仕事、女は家事・育児」、つまり、男は

主に公的・社会的領域を担当し、女性は私的・家庭的な領域を担当するというジェンダーによる労働の分割です。

こうした性別による役割分業は、あらゆる歴史や文化を通じて一貫して存在しているものとしばしば考えられがちです。しかし、そうではありません。私たちは、しばしば性別役割分業は「自然なこと」というふうに考えています。しかし、この分業は、文化や歴史によって変化するのです。逆にいえば、男が仕事で女が家庭という性別役割分業の仕組みは、歴史的な産物であり、文化的な構築物なのです。

それなら、なぜこうした仕組みができたのでしょう。すでに「歴史とジェンダー」の章でも論じてきましたが、「男が主に仕事、女が家庭」という仕組みは、しばしば近代産業社会成立とともに強固に発展してきたと考えられます。

●**近代的な性別役割分業の成立**

すでに第4章で述べたように、原始社会において、女性は重要な労働力でした。

農業社会においても同様です。農業社会においても、男女の役割分業が違う場合がしばしばみられます。しかし、女性が、基幹労働力として生産活動に携わっていたことは明らかです。

この仕組みが、男が主に工場やオフィスで働き、女性が家を守るというパターンになってくるのは、近代産業社会の成立以降のことです。近代産業社会の発展の中で、特に女性は妊娠・出産するという生理的な機能があるため、労働力としては計算しにくい労働力になります。妊娠・出産中は労働力として計算できませんから、妊娠・出産しない男性の方が、労働力として使い勝手がいいということがあったと考えられます。

こうして、産業社会になると、男性が、労働力として外でお金を稼ぎ、

女性はしばしば家事や育児や介護を家庭でするという仕組みが多くの社会で形成されてきます。男性のサラリーマン化，女性の主婦化という仕組みは産業化の発展の中で登場してきたものです。日本社会においても男は仕事，女は家庭という状況は，産業化の展開の中で，社会的に広がっていったのです。

●高かった日本の女性労働力率

　実は，日本社会は他の社会と比べると，近代社会以降も，女性の労働参加が目立って高かった社会でした。2005年に内閣府がまとめた調査報告書『少子化と男女共同参画に関する社会環境の国際比較調査』をみると，そのことがよくわかります。現在，OECD（経済協力開発機構）加盟国で一人当たりGDPが1万ドル以上ある国が24か国あるそうです。この24か国を比較すると，1970年代の段階で，日本の女性労働力率，つまり何らかの労働に従事している女性の割合は，2位だったということです。1位がフィンランド，3位がスウェーデンでした。つまりこの段階では，少しだけですがスウェーデンよりも日本は女性が働いている社会だったのです。今から40年近く前のことですから，まだまだ自営業や農業に従事されている女性がいたということもあると思います。いずれにしても，日本は1970年の段階では，経済の発達した国の中で，飛びぬけて女性の労働参加が発達してきた国だったのです。

●女性の社会参加が極端に低い現代日本社会

　ところが，この24か国を，西暦2000年の段階でみると，大きな変化が生まれているのがわかります。1970年には女性の労働力率が2位だった日本が，18位から20位近くまでランクが落ちてしまうのです。というのも，日本は，この30年間に女性労働力率が5％ぐらいしか伸

びていないのに，他の経済の発達した国々は，この30年間で急激に女性労働力率が伸びているからです。

60年代後半から70年代にかけての女性解放運動の中で，女性の社会参加ということが国際的に謳われました。しかも，1970年代前半は世界不況の時代でもありました。つまり，経済の発展した国々では，男性一人の稼ぎでは，なかなか家族が食べられなくなったという問題が生じたのです。こうして，70年代以降，経済の発達した諸国では，女性労働参加，社会参加が急激に進んだのです。

ところが，日本社会では経済の発達した国々の大きな流れから取り残されてしまったのです。先ほども述べたように，この30年間，日本の女性の労働力率はほとんど伸びていません。他方で，多くの経済の発達した国々では，日本をどんどん追い越して，女性の労働参加で社会を支える仕組みを作っていったのです。

●経済成長と男性の長時間労働

それでは，日本の場合，いかにして1970年代から現在にかけての経済成長を維持したのでしょうか。実は，1970年代後半から1980年代は，日本の経済が急激に成長した時期にあたります。他の国々は女性参加の中で社会基盤を拡充する動きがあったのに，日本の場合それをしなかったのに，では一体誰が，70年代，80年代，の日本の経済を支えたのか。それは，男性のそれまで以上の長時間労働だったのではないでしょうか。図9-1にみられるように，（その多くは男性でしょう）この長時間労働は，いまだに続いているのです。

実際にさまざまなデータから，70年代半ばから後半にかけて，長時間労働に従事する男性労働者の数が急激に増加していく様子が読み取れます。この男性の長時間労働は，経済成長という点ではプラスの効果を

もたらしたのは事実です。男性たちは，家に関わることを放棄して長時間働き続けたのです。「24 時間戦えますか」というコマーシャルの言葉がありましたが，本当に 24 時間，会社のために全力を尽くすような働き方をしてきたのです。

　他方で，家庭は女性が一手に担うという仕組みも強まりました（この時期の女性の労働力率が伸びなかったことがそれを示しています）。この仕組みは，確かに経済効率を上げ，生産性を向上させるという面では一定の効果があったと思います。男性たちは，家のことを気にしないで，本当に全身全霊をかけて仕事に力を注いでくれるのですから。他方で，家庭は女性が守ってくれるというわけです。

　実際，この仕組みの下で，日本社会は，「ジャパン・アズ・ナンバーワン」といわれるほどの急激な経済成長を達成したのです。

　しかし今から振り返ると，この仕組みは，さまざまなひずみを日本社会にもたらしたのではないかとも思われます。例えば自然環境の破壊もその一つでしょう。急激な経済成長と，それを支える生産性中心，効率中心の経済の仕組みが，日本の自然環境を壊したのです。と同時に，地

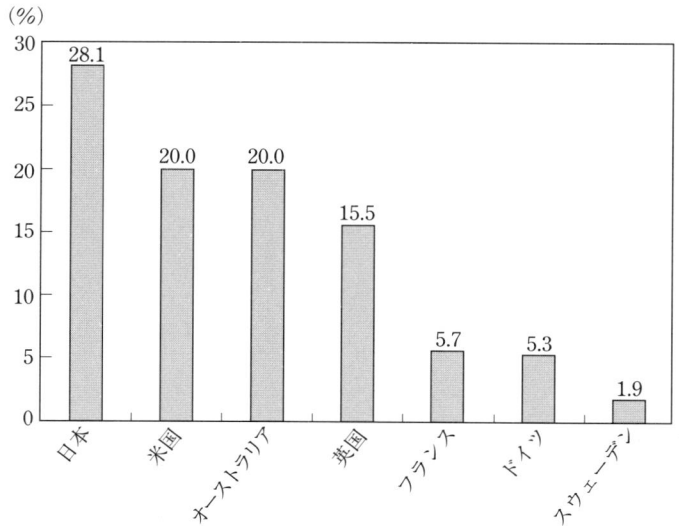

（出所）ILO「Working time and worker's preferences in industrialized countries : Finding the balance」(2004) より作成。

図 9-1　週労働時間 50 時間以上の労働者割合

域社会の均質化も急激に進みました。ジェンダーの観点からいえば，男性主導社会というのは，しばしば自然との共生，人間関係の豊かさよりも経済効率性で走ってしまうところがあります。だから，こうした環境破壊や地域の文化の破壊も，ある面で，男性主導社会のもたらしたものなのだともいえるかもしれません。

●家族・地域の絆の崩壊

　男性が長時間労働するわけですから，家庭や地域から男性の姿が消えていきます。それまでの社会つまり，1960年ぐらいまでの社会であれば，男性たちも家庭や地域に，自分なりの居場所を持っていました。「ALWAYS三丁目の夕日」という映画がブームになりましたが，昭和30年代から40年代初期にかけての日本社会では，まだまだお父さんたちが家庭にいた時代だったのです。家庭でも地域でも，しばしば男性が威張っていたのですが，それでも，男女の協力で，家庭や地域が切り盛りされていたのです。

　しかし1970年代中期以降の，男性長時間労働の中で，男性たちはすっかり家庭や地域に居場所を持たなくなりました。結局，家庭や地域は基本的に女性が担うという形になったのです。現代の日本社会では，しばしば「家族の絆が弱くなった」とか，「地域の人と人とのつながりが弱くなった」といわれます。それは当然だろうと思います。

　一部の論者は，「女性の社会参加が家族の絆を弱めた」のだと主張します。しかし先述したように，この30年間，他の経済の発達した国々と比べてみると，日本は，女性の社会参加を抑制してきた社会なのです。しかしその一方で，明らかに家族や地域における，人と人との絆は弱まっているようにみえます。

　なぜそういう状況が生まれたのでしょうか。そう考えると，男性の長

時間労働こそ，家族や地域の絆の弱体化の大きな原因だったと考えた方がよいのではないかと思われます。

　男性たちは，仕事中心の生き方の中で，家庭や地域生活をすっかり放棄させられたのです。男性は，家庭や地域に居場所を持たないのですから，当然，男性と他の家庭や地域やメンバーとの関係は弱くなっていきます。家庭は，お母さんと子どもだけ，地域も主にお母さんや高齢者で担うという仕組みです。当然，人と人との絆が弱くなるはずです。

●国際社会から30年遅れた日本の女性参画

　家族の絆や地域の絆が男性の長時間労働の中で希薄化していったことと同時に，1970年代以降，急激に女性の社会参加，社会参画を拡大してきた国際社会の動きに，日本社会は乗り遅れてしまいました。結果的に，経済の発達した他の国々と比べてみると，女性の社会参画は，ちょうど30年遅れぐらいの状況になっているのです。国際社会が，ジェン

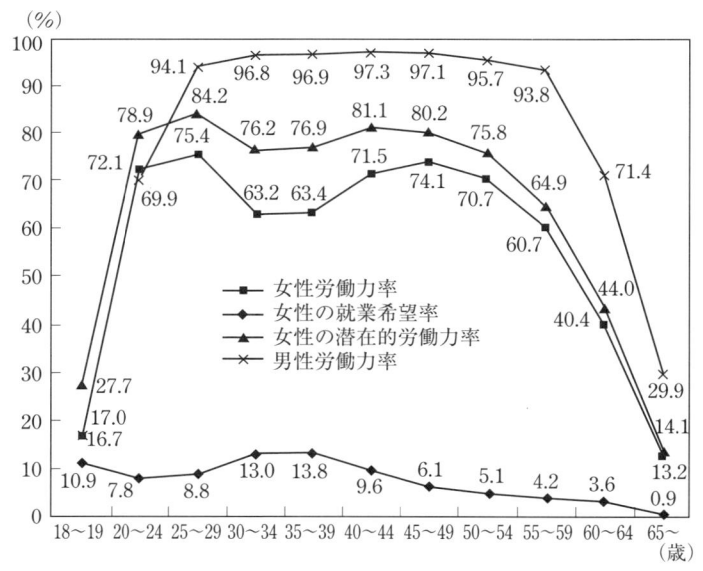

(出所)　総務省「労働力調査（詳細結果）」（平成18年平均）より作成。
(備考)　年齢階級別潜在的労働力率＝(労働人口（年齢階級別）＋非労働力人口のうち就業希望者（年齢階級別）)/18歳以上人口（年齢階級別）

図9-2　日本における女性の年齢階級別潜在的労働力率

ダー平等に向けて，女性の社会参加，労働参加を拡大していった時期に，日本の場合，これに逆行する形で男性の長時間労働と女性の社会参画の抑制という選択を取ってしまったことにその原因があるといえるでしょう。

実際にさまざまなデータが，現代日本社会における女性の労働参加の問題性を示しています。よく用いられるものに，M字カーブ，あるいはM字曲線といわれるものがあります（図9-2参照）。女性の年齢別の労働力率を示したものです。日本の場合，学校を終えた女性の7割以上が一度は労働に就くのです。しかし，この女性たちが，30歳前後で，労働の場から離れていくのです。

そこには，しばしば結婚や，最近では結婚よりもむしろ出産が理由になっているといわれています。子どもができたということをきっかけに，労働から女性が離れていくのです。だから，労働力率は30代位から下がるのです。

しかし，女性たちも子育てが一応終わると，もう一度，社会参加をしようとします。しかし，日本の場合，一時期職業中断された女性が労働に就こうと思っても，正規の職は見つかりません。結果的にパート労働など，非正規の労働に就かれる女性が多いのです。こうして，30代に谷ができるMのような形で，日本の女性の労働力率は展開しているのです。

欧米社会においても，近代産業社会の発展とともに，性別役割分業は進みました。だから，欧米社会もその多くは，かつては，M字型が多かったのです。しかし，現在では，このMの谷がほとんどみられなくなっているのです。

それでは，女性は働きたくないのでしょうか。日本の家庭におられる女性に対する意識調査があります。就業の希望があるかどうかという質

問に対して，前出の図9-2にみられるように，かなり多くの方が働きたいと答えているのです。15歳から64歳，いわゆる働き盛りだけみても，260万人以上の女性が，機会があれば働きたいと答えているわけです。

　現在働いている女性に，機会があれば働きたいという女性を加えたものが，ここで示されている潜在的労働力率です。これをみると，谷がほとんどできない形になっているのがわかります。日本の女性の多くは，働く意欲がないというわけではありません。働きたいと思っているのに，働けないという状況があるのです。

●女性を労働から疎外する力

　この背景には，まず，社会意識の問題があると思います。「女性は家庭にいた方がいいのでは」というプレッシャーはまだまだ根強いように思うからです。また，女性が仕事を継続しようとしても，性別分業の仕組みによって，「家事や育児は女性が」というプレッシャーが強いだけに，なかなか働き続けにくいこともあります。その背景には，保育所であるとか，高齢者福祉などの社会サービスがやはり不十分であるということもあるでしょう。

　少子化が深まっているので，実は，保育所は今定員割れしているところもたくさんあるのです。しかし0歳児や1歳児となると，大変負担がかかるため対応しきれない。その結果，措置をしてもらえない待機児童がなかなか減らないという状況が続いているのです。だから，0歳児や1歳児を育てている女性は，なかなか仕事を継続しにくいのです。また，そういう人たちを企業は雇うことを嫌うということもあるでしょう。

　男性がもう少し，家事や育児を女性たちと対等に分担してくれれば，女性も働きながら，家庭生活が両立できるのですが，日本男性は国際比

較をしてみると，家庭参加割合が大変低い数字しか出てこないのです。

　社会意識の問題や，女性が就業を継続するための社会サービスの不十分さ，男性たちの家事・育児分担の未成熟という問題，これらの要素が重なる中で，Mの谷がなかなか上がらないと考えられます。

●賃金における男女格差

　男性が主に稼いで，女性は家庭にいればいいのだという仕組みが，1970年代以降の日本社会には，それまで以上に強まってきます。その結果生じた男女間の格差の一つが，賃金格差です。現代日本社会で男性賃金を100とした場合，正規職員でみると，女性は65前後ぐらいでしかないのです。かつては多くの国々でも，男女賃金格差はありました。しかし，現在では，男性100に対して，女性は8割を超えているのが普通です。限りなく100に近いような国々もあります。日本の男性100に対して，女性65前後という数字は，国際的にみると大きな問題を含んでいるといえるでしょう。

　国際労働機関（ILO）は，100号条約で「同一価値労働同一賃金」というルールを決めています。日本政府も実は，この条約を批准しています。しかし同一価値労働同一賃金，つまり同じ価値のある労働をしている人には，同じ賃金を払おうというルールが，日本社会で守られているでしょうか。

　管理職の女性の割合の低さも国際的にみると大変目立っています。公式の数字でみると，女性の管理職割合は日本の場合，10％ぐらいあることになっています。この10％という数字でも，女性の3割から4割が管理的な職業についている国々と比べると大きな問題をはらんでいます。でも，この10％という数字にもマジックが隠されているようです。というのも，この数字には，中小企業や家族経営の方たちの数字も入っ

ているからです。お父さんが社長で，お母さんは名目上副社長という人々が，管理的な職業従事者の中にカウントされているのです。大企業だけ取ってみると，女性の管理的職業従事者というのは3%から5%ぐらいしかないのが実態です。

パート労働，非正規労働の問題もジェンダーと関係しています。日本の場合，他の国々と比べてみても，非正規に従事している女性の割合が大変高いし，しかも女性が多いからです。働いている女性の5割強が非正規労働という状況です。パートであるとか，派遣であるとかという非正規労働は，賃金が正規の職員と比べると低くなります。これも，結果的に男女間賃金格差を広げる要因になっているのです。

ILOは，175号条約で，短時間労働者に対する正規の労働者と同様の均等待遇をしようというルールを定めています。短時間労働であっても，時間割当の賃金は正規の方と均等にしよう，さまざまな社会保障も均等にしていこうというルールです。しかし，日本政府は，この175号条約をいまだに批准していません。

●男女雇用機会均等法

もちろん，日本社会も国際的な女性労働に対するさまざまなサポートの広がりの中で，何もしないというわけにはいきません。さまざまな努力はしてきたのです。

労働とジェンダーという時に，誰でもが思い浮かぶのは，男女雇用機会均等法という法律だろうと思います。1986年に施行された法律です。これによって，雇用の分野における男女の均等な機会，および，待遇の確保を図ろうということで進められてきました。しかし，均等法はできたのですが，この30年間，男女間格差はほとんど縮まっていないのです。

もちろん，均等法ができて，多くの人々の意識が変わったのは事実でしょう。女性の働く意欲も，この均等法によって拡大しました。しかし，結果的に，男女の平等な労働条件が整備されたかというと，残念ながらそうはならなかったのです。

　例えば，雇用機会均等法が決められると，特に大企業では，いわゆるコース別人事の仕組みが取り入れられました。性による差別をしてはいけないことになったため，女性には，一般職，つまり補助的な職業コースを作り，男性と一部の女性については総合職という形で，管理職までいけるようなコースを作るようになったのです。それぞれのコースは，自発的な選択だという形で，結果的に，女性は一般職に誘導されることになりました。その結果，男性は総合職という形で，賃金も女性より高く管理職への道も開けていくのに，ほとんどの女性はそうはならないのです。こうした仕組みが，均等法以後，大企業中心にむしろ広まっていくのです。

● 改正された均等法

　ただし，この雇用機会均等法も何度も改正される中で，少しずつジェンダー平等の方向を強めてきています。2007年に施行された新しい均等法には，男女双方に対する差別の禁止が明記されました。これまで，雇用機会均等法は女性に対する差別だけが問題になってきたのですが，今後は，男女両性に対する差別を禁止するという方向で，ジェンダー平等の観点にたって改正されているのです。

　同時に，間接差別の禁止も書き込まれました。国際社会で問題になっている間接差別，つまり直接的に性差別をするわけではないが，結果的に性別による格差を生むような仕組みをやめるという法律です。

　先ほどふれたコース別人事も間接差別というふうに考えてもいいので

はないかと思います。

　また，妊娠・出産等を理由とする不利益取り扱いに対しては，はっきり禁止することになりました。当たり前のことですが，法律で禁止するということが明言されるようになったのです。

　セクシュアル・ハラスメントに関する事業主の雇用管理上の対応も義務化されました。このように，新しくさまざまな整備がされてきているのです。

　また，ポジティーブ・アクション＝積極的格差是正策も均等法には書き込まれています。つまり，現状の男女間の格差というものを企業はきちんと把握する。その上で，目標を設定し，どういう形で格差を是正していくか，そのために何をするかということをプログラムとして作っていく。こうして，具体的に男女間格差を埋めていくような努力を企業もしていきましょうということです。

●**少子高齢社会を前にして**

　特に日本の場合，女性の労働参加というのは，今後，大変重要な課題になってくるのではないかと考えられます。

　一つは，少子高齢社会の問題です。少子化の結果，現役の労働力がどんどん少なくなっていきます。従来は男性の労働力だけで社会が支えられてきたのですが，今後，労働力が全体として減少するのです。つまり，女性の労働力なしではやっていけない状況が，これからの日本社会にくると考えられるのです。

　男女で労働を支える仕組みがなければ，少子高齢社会に耐えられない状況が作られつつあるのです。

●国際的な企業評価の中で

　国際的には，従業員の人権に対する配慮ができるか，できないかというのが，その企業に対する評価基準の一つになりつつあります。いわゆるCSR（コーポレート・ソーシャル・レスポンサビリティー）です。つまり，企業の社会的責任が，数値化される時代が始まっているのです。企業の社会的責任の中で，従業員の人権は大きな指標です。中でも，女性と男性の均等待遇がどこまでできているかは，大きなポイントの一つです。日本の企業が，これから国際的に活動を深めていこうとするなら，女性の人権に対する配慮がなければ，国際的に評価が得られないという状況が生まれようとしているのです。

　企業経営の中で，今，ダイバーシティ（多様性）ということが大きなキーワードになっています。従来のように物作りだけではなく，情報やサービスを中心とする方向に産業が移動している現代，均質的な労働力ではなくて，多様な労働力を企業内に持ち込んだ方が，企業の成長が可能になるという発想が広がっているのです。男性だけでなく女性を積極的に活用していくという方向も，ダイバーシティ戦略の一つのポイントです。実際に，日本の経済産業省の調査によれば，女性を活用している企業ほど業績が上がっているというデータも出されています。企業の国際化の中での今後の発展のためにも，女性の労働参加がこれからは重要な課題にならざるを得ないのです。

●ワーク・ライフ・バランスに向かって

　こうした大きな動きの中で，日本政府も，最近スローガンとして挙げ始めているのが，「ワーク・ライフ・バランス」です。

　ILOの156号条約，いわゆる家族的責任条約というのがあります。家族的責任を持っている男女の労働者が，仕事上，差別されることなく家

族的責任を果たせるような社会整備をしていこうというルールです。この条約を，日本政府も1995年批准しています。育児介護休業法は，この条約批准にともなって作られた法律です。仕事と個人生活のバランスの方向に向かって，日本社会も，少しずつ方向転換が始まろうとしているのです。

　男女両性の「ワーク・ライフ・バランス」の確保は，少子高齢社会を前にした日本社会にとって，きわめて重要な課題であるはずです。ジェンダー平等にたった労働条件の整備，男女両性の労働時間を規制しながら，仕事と家庭生活を含む個人生活が両立できるような社会を作っていくことは，これからの日本社会の活力の原動力にもなる大変重要な課題なのではないかと思うからです。

●学習課題

　戦後日本社会における男女の労働の仕方について調べた上で，少子高齢社会を前にした，今後の男女の働き方の方向性について考察してください。

●引用・参考文献

内閣府『少子化と男女共同参画に関する社会環境の国際比較調査』2005年

10 家族の中のジェンダー

学習のポイント

　家族というテーマにジェンダーの視点から光を当てます。多様な家族の形態や近代家族の成り立ち，さらに，現代社会における家族の変化や，家族が抱えている諸問題について考察します。

● 「家族」とは

　「家族」という言葉は，誰でも知っているでしょう。しかし，では「家族を定義してください」といわれるとなかなか定義しにくいだろうと思います。「家族」って何でしょう。

　例えば，日本の家族社会学の代表的テキストは，家族を次のように定義しています。

　「夫婦，親子，兄弟など少数の近親者を主要な成員とし成員相互の深い感情的包絡で結ばれた第一義的な福祉追求の集団である」（森岡清美・望月嵩『新しい家族社会学』培風館，1983）。

　この定義によれば，家族とは，「婚姻や血縁に基づき，強い感情的絆によって結び付けられた，相互の助け合いを通じて，生活をともにしている集団」といった意味合いになります。これは大変よくできた定義だと思います。

　ただし，「夫婦間の愛情が冷め切った家庭内離婚のようなケースは家族と呼ばないのか」といわれると困ってしまうことになります。「お互いに助け合わないような自己中心的な人たちが一緒に住んでいるのは，

これは家族ではないのか」といえば、どうでしょう。

そこで、ここでは、家族を「婚姻や血縁に基づいた主に近親者（養子関係を含む）によってできあがった集団」と、ごく簡単に定義しておきたいと思います。

●家族の社会的機能

社会を構成する重要な単位である家族は、社会的機能を持っています。まず、妊娠・出産の場である家族は、社会のメンバーの再生産の機能を担っています。さらに、家族は、生まれた子どもの養育という教育機能の場でもあります。

また、農業や自営業を営む家族は、生産機能を担ってきたし、衣食住の基本的な場（消費機能の担い手）であり、病人や高齢者に対しては介護などの保護機能の役割を果たしてきました。さらに、家族は休息や娯楽の場（休息・娯楽機能の担い手）であり、時には宗教的機能（冠婚葬祭など）を分担することもありました。また、かつては「何々家の子ども」といった形で個々人の社会的認知をめぐる地位付与機能を果たしてもいました。もちろん、こうした家族の機能は、時代の変化の中で変容してきたということはおさえておくべきでしょう。

●「近代家族」という視点

現代社会に暮らす私たちは、「家族」というと、夫婦と子どもといった形を考えがちです。しかし、歴史をふりかえると、家族というのは必ずしも親子や夫婦だけで成立してきたわけではありません。身近な親族以外の人（例えば使用人とか）と同じ家で共同生活をするケースは、歴史をひもとけばたくさん発見できるはずです。

私たちが、今、典型的な家族としてイメージしている、夫婦と子ども

を軸にした核家族というイメージは，近代産業社会以降に主流になっていったと考えられています。近代産業社会とともに登場したこうした家族の形を近代家族と呼びます。

近代家族の特徴を落合恵美子は，次の8点に整理しています。

一つは家庭内領域と公共領域の分離です。かつては生活のほとんどの機能を家族が担っていました。近代社会になると，それが，家の内と外へとはっきり区分けされるようになります。二番目に家族成員相互の強い情緒的な関係が前提になります。三番目は，子ども中心主義です。四番目は，男は公的領域，女は家庭内領域という性別分業の仕組みが挙げられます。五番目に，家族の集団性の強調があります。親子関係，夫婦関係が一つの集団であることが強化されるのです。六番目に，社交の衰退，つまり家族を超えた共同性の関係性が弱くなります。七番目に，非親族の排除。つまり，血縁と関係ない人たちが排除されていくことになります。最後の八番目に，核家族が挙げられます。

この八つの近代家族の特徴は，私たちが家族という言葉でイメージするものと重なると思います。逆にいえば，近代家族は，超歴史的な普遍性を持つものではなく，歴史の中で形成されたものだということにもなります。

●**近代日本社会と家族**

日本の場合，明治以降の近代化の中で，日本型の近代家族が形成されていったと考えられます。それ以前の農業を中軸とした社会では，より大きな規模の家族もよくみられました。家族の成員についても，親族以外の人（親族以外の農業従事者や使用人など）が，同じ屋根の下で生活するのも珍しくはなかったのです。

日本の近代において家族を考える時，明治以降の家族主義国家観の問

題をみておく必要があるでしょう。戦前の日本社会では，家族が，国家原理に結びついていたからです。日本は明治以降，家父長制型の家族を法律で縛る形をとってきました。権威主義的な家長が一手に権力や権威を握る家族の仕組みです。しかも，それが，天皇を国の家長とするような家族主義的な国家観と結びつく形で形成されてきたのです。

●戦後民法に残る性差別

　敗戦後，日本の家族像も大きく変化しました。日本国憲法は両性の平等を謳い，家族の形成も男女両性の対等な関係に基づく形で担われるべきだという方向に大きく転換しました。こうして，戦後の日本の家族は，法律上，ジェンダー平等の理念に基づいて，古い権威主義的な伝統家族からの解放がなされたのです。

　しかし，現在の国際基準でみると，戦後達成された戦前型の家族像からの解放も，いまだ不十分な部分を含んでいるといわれます。実際，国連の人権規約委員会は，日本の民法は性差別条項が残っているのではないかと繰り返し日本政府に改善勧告をしています。

　その一つに，婚外子，いわゆる法律的な結婚によらない形で生まれた子どもに対する差別の問題があります。相続では，嫡出子の半分しかもらえないような仕組みになっているのです。生まれた子どもに責任はないのに，婚外子かそうでないかによって差別が行われる。これは，国際的な基準では性差別であるということで問題視されているのです。

　もう一つは，結婚年齢です。現在の民法では，女性は16歳，男性は18歳と結婚最低年齢が定められています。なぜ，男女に差があるのでしょうか。ここには，一家の責任者である男性は，精神的に成熟した段階にないと困る，しかし，女性は家のことをするだけだから，16歳でもいいという考え方があるといわれます。

さらに，女性にのみ再婚禁止期間が設定されています。女性は離婚した場合，再婚するまでに180日間の再婚禁止期間があるのです。なぜそのような制度が残っているのでしょう。理由は，離婚した場合もお腹の中に，子どもがいる可能性があるということです。ここには，お腹の中の赤ちゃんの父親を確定したいという考え，つまり「子どもは父親のもの」という父系的な発想があるのではないかと思われます。国連からも，女性にだけ再婚禁止期間があるのはおかしいのではないかという形で，改善が勧告されているわけです。

●なかなか進まない民法改正

　国連の規約人権委員会の数度にわたる改正勧告を受けることで，日本政府も，民法改正に向かって動きを開始しました。事実，1996年に，法制審議会は，国連の勧告に沿う形で，民法改正案をまとめたのです。
　ところが，この民法の改正案がなかなか国会を通過しない状況にあります。理由はいろいろあります。婚外子の平等取り扱いに対する反対の声もその一つです。しかし，それ以上に大きかったのは，改正案に含まれた選択的夫婦別氏制度への反対の声でした。いわゆる夫婦別姓問題です。もちろん，「選択的」とされていることからもわかるように，この改正案は，同姓でいたい人は同姓でいいけれど，さまざまな理由で別姓のほうがいいという人には，別姓も可能にするというものです。
　ところが，夫婦の別氏，別姓ということになると，家族の絆がこわれるのではないかという声が出されました。特に，一部の政治家の中にはこの選択制夫婦別氏制度に強く反対する人がいます。そのため，国際社会が日本政府に対して，改善勧告をしている民法上の性差別問題が，なかなか解決されない状況が続いているのです。もっとも，今後の動きの中で，この民法改正の動きは，より強まることも考えられます。

● **変容する家族と家族問題の浮上**

　戦後まもない時代，農業や自営業を中軸とした日本社会では，三世代同居の家族が主流でした。ところが，戦後の経済成長の中で，都市化と工業化が進行していきます。その結果，農業地域から大都市への人口の集中が生まれます。こうして人口を急増させた大都市においては，サラリーマン化した男性と専業主婦のカップルが子育てをするといった，核家族タイプの家族が増加していきます。

　現代社会では，子どもの問題を含めて，家族問題が大きな課題になりつつあるのです。しかし，すでに三世代同居型の家族の形は少数派です。また，子育てをしている家族の7割以上は核家族型になっているのです。

　1960-70年代，都市化と男性のサラリーマン化や核家族化，が急激に進行していきます。特に，1970年代中期以後，「男性の長時間労働と女性の社会参加の抑制」が，進行していきます。

　子ども問題や家族の危機を考える時，こうした現在の男性・女性の働き方の問題が大きな影響を与えているのではないかと思われます。

● **お父さんはとうめい人間**

　これを裏付ける興味深い本があります。戦後，日本の小学生がお父さんを描いた詩をまとめた本です。タイトルは『お父さんはとうめい人間』。これを時代順に読んでいくと，1950年代，60年代の子どもたちの詩にはお父さんが目の前にいることがよくわかります。子どもとお父さんは，一緒に生活している姿が描かれているからです。まだまだ農業や自営業が中心の社会でした。また，サラリーマンのお父さんであっても，一家団欒で晩ご飯を食べることができた社会だったのです。それが70年代ぐらいになると，お父さんたちの姿が，子どもたちの目の前から消

えていきます。この詩集のタイトルになっている「お父さんはとうめい人間」は1980年代の詩です。「お父さんは家庭ではとうめい人間になっている。会社でとうめい人間目薬をつけているのかな？　早くお父さんに会いたいな。目薬の効き目が切れて，早くお父さんに会いたいな」という内容の詩です。

　子どもの発達は，多様な人格との深いふれあいの中で形成されます。時にはけんかやトラブルも含めて，さまざまなふれあいを通じて，子どもたちは，「社会とは」，「他者とは」，「自分とは」と考えていきます。こうしたプロセスを通じて，子どもたちは，社会と協調していく力や道徳心，規範意識を形成していくのです。

　ところが現代社会では，多様な人格とのふれあいの回路がどんどん閉ざされています。地域社会が子どもを見る力（地域の教育力）も，きわめて弱くなっています。家庭においても，祖父母は身近にいません。さらにお父さんはとうめい人間です。

● **子育て，子育ち問題の背景にあるもの**

　現在，子どもをめぐって「コミュニケーション能力が弱くなっている」とか，「自分中心主義になっている」といわれています。その背景には，お母さんとテレビだけが，主要な子育ての担い手になっている状況があるのではないかと思われます。つまり，かつて子どもの周囲に存在していた祖父母や父親，（少子化の結果，数が少なくなった）兄弟姉妹，さらに近隣の大人や子どもといった，多様な人格がすっかり存在感を失ったことが，こうした問題の背景にあるのではないでしょうか。

　お母さんたちも問題を抱えています。「子育ては女の仕事だ」というジェンダー規範の中で大変息苦しい思いをしているからです。いわゆる育児ノイローゼも，女性を追いつめています。「密室育児」ともいわれ

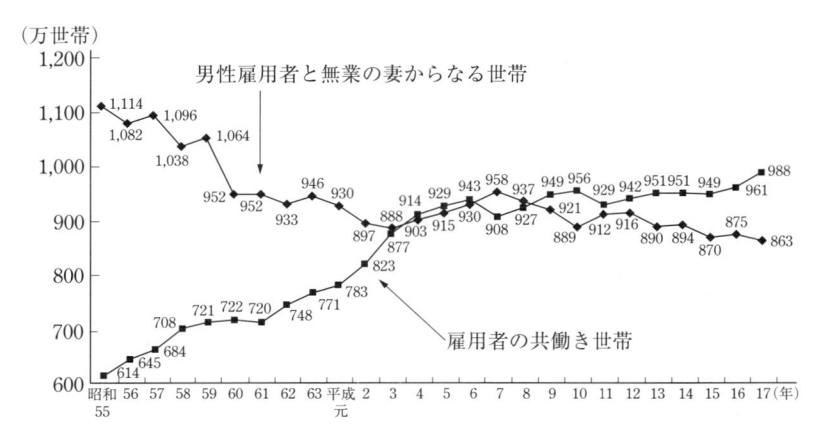

(出所) 昭和55年から平成13年は総務省「労働力調査特別調査」(各年2月,ただし,昭和55年から昭和57年は各年3月),14年以降は「労働力調査(詳細結果)」(年平均)より作成。

(備考) 1.「男性雇用者と無業の妻からなる世帯」とは,夫が非農林業雇用者で,妻が非就業者(非労働力人口および完全失業者)の世帯。
2.「雇用者の共働き世帯」とは,夫婦ともに非農林業雇用者の世帯。

図10-1 共働き等世帯数の推移

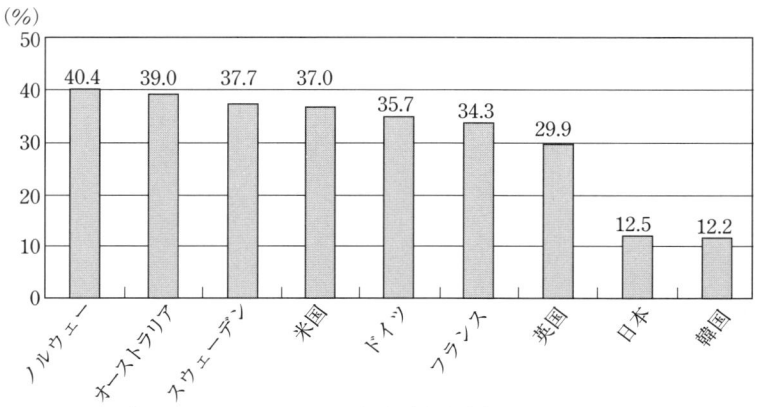

(出所) OECD「Employment Outlook 2001」,総務省「社会生活基本調査報告」(平成13年)等より作成。

(備考) 1. 5歳未満(日本のみ6歳未満)の子のいる家庭の家事・育児時間(男女別)から算出。
2. 日本以外の女性はフルタイム就業者,日本の女性は有業者のデータ,男性はいずれの国も総数のデータ(平均)。
3. 韓国のデータは子の有無はわからない。

図10-2 男女計の家事・育児時間に占める男性の割合

る子どもとお母さんだけの関係の中で，女性たちは大変強い息苦しさを感じているといわれます。「他の女性たちが元気に社会参加をしているのに，自分だけがなぜ家にいるのか」という思いも，ストレスの原因になります。何よりも，育児協力を頼んでも全く協力してくれない夫が，女性の育児ストレスの最大の原因ともいわれます。

　さらに，図10−1でみられるように，現在では，共働き世帯が全世帯の半数を超え，女性が働くということは，当たり前になりつつあるのです。従来の「家庭は女性」という仕組みが続くと，女性は，仕事も家事も育児もということで，きわめて厳しい状況におかれることになります。

　現代のお父さんたちを対象にした意識調査によれば，三十代の場合，7割以上の方が「できるならば，子育てしたい」と答えているといわれます。しかし，実際はどうかといえば，図10−2にみられるように，日本の男性は，他の国の男性と比べてもきわめて短い家事・育児時間しかないのです。背景には，男性を縛るジェンダー規範とともに，長時間労働という問題が控えているはずです。

　また，子育てをした男性の場合，社会性や発想の転換が広がり，人間性の幅も拡大するという心理学者のデータもあります。折角，自分の子どもがいるにもかかわらず，子育てができないということは，男性自身にとっても問題なのではないでしょうか。

　ジェンダーと子育てという問題を考える時に，重要なのは，男女共同による家庭や地域を貫いた子育て環境をどう整備するか，ということだと思われます。子どもたちにとっては，お母さんとの関係だけではなくて，お父さん，あるいは地域の男性，女性とふれあえるような仕組みがつくられれば，多くの人格とふれあえることで，社会性や協調性を形成するのにプラスになるだろうと思われます。また，お母さんたちも，夫の協力や地域社会の協力があれば，社会参加も可能になるかもしれませ

ん。それだけではなく，一人で抱え込んできた育児からも解放される可能性が高いのです。

　男性もまた，自分の子どもや地域の子どもとふれあう中で，人間性の幅が拡大できるでしょう。

　男女共同参画の子育ては，子どもにとっても，女性にとっても，男性にとってもプラスになる。いわば，「三方一両得」の仕組みではないでしょうか。ところが，これまでの「子育ては母親が」という発想は，逆の道を選んでしまったのではないでしょうか。つまり，お母さんと子どもだけの子育て，子育ちの中で，子どもたちは，社会性や協調性がうまくはぐくめない状況におかれやすかったのではないでしょうか。女性は育児ストレスにさいなまれ，それは子どもにも悪い影響を与える可能性を生み出したことでしょう。さらに，男性たちも子どもと接触する時間がないわけです。いわば「三方一両損」の仕組みを，戦後日本社会，現代日本家族は作ってきてしまったのではないでしょうか。

●新しい家族像

　子育ての問題はそのまま，介護の問題と関わります。男性たちの中には，「介護は男の仕事ではない」というジェンダー規範によって，自分の親を積極的に介護しないという方もおられるでしょう。「高齢者の身の回りの世話は，女性の仕事だ」という形で女性の側に回ってくることがまだまだ多いのです。しかし，これからは，男女両性が，共同で介護をしていけるような仕組みを作っておいた方が，より人間らしい関係を築くことができるのではないでしょうか。もちろん，そこには，地域社会のつながりとともに，行政の社会的支援もこれまで以上に大切になるでしょう。

　育児や介護，さらに家事も含めて，男女共同の仕組みを作っていくこ

とが現代の危機に瀕している家族を再生する大きな可能性を秘めた方向性なのではないでしょうか。

実は，離婚の増加などの家族の危機の問題とも，この男女共同参画は関わっているはずです。なぜ家族の危機が生まれたのかといえば，最大の理由は，男性の長時間労働による家庭不在があるはずです。人間関係を維持するには，何よりも一緒に過ごす時間が必要なのです。しかし，そもそも家庭に居ないのでは，妻や子どもとのコミュニケーションが生み出せません。いくら「家族の絆は大切だ」と叫んでも，その基盤が作れていないのです。

育児，介護といった家族の抱える課題や地域社会における人間と人間の絆をどう形成していくかは，これから来ようとしている少子高齢社会を前にして，きわめて重要な課題です。これまでの固定的な家族のイメージ，特に性別役割分業に縛られた家族像に縛られたままでは，少子高齢社会に備えることはできません。男女が対等なコミュニケーションを通じて，多様な家族の形態を認めあいながら，家族を形成し，地域の親密な人間関係を生み出していくことが，これからの少子高齢を前にした私たちが目指すべき方向なのではないでしょうか。

● **多様な家族に向かって**

現在，家族の形は多様化しつつあります。例えば，欧米社会では，同性愛者の結婚の問題が議論になっています。法律で同性愛者が結婚できる形で制度を変えた国々もあります。結婚した同性愛者が養子をもらうことで，子どものいる同性愛のカップルも存在します。また，ヨーロッパの多くの国では，事実婚，つまり法的な結婚によらない形で一緒に暮らす形の権利も保障されつつあります。

外国人の養子を迎えるという動きも，アメリカ合衆国やスペイン，イ

タリアなどで広がっています。外国人の養子を育てるのが，一つのライフスタイルになっているわけです。血縁に関わらない家族，必ずしも異性間のカップルと限らない核家族など，さまざまな家族の形が，世界中で生まれつつあるのです。

伝統的家族モデル，つまり近代社会に特有の核家族こそ家族なのだという固定的な視点で家族を考えていると，今後，さまざまなひずみや問題が生まれる可能性があります。

1994年，国連は国際家族年を設け，家族の多様性を承認しつつ，家族を社会的に支援していく動きを開始しました。多くの人は，誰かと一緒に暮らすという生活の形を望んでいます。一緒に住み，助け合い，感情のつながりを感じながら暮らすようなスタイルは，人間が人間である限り，多くの人にとって必要なことなのです。しかし，こうした家族のあり方は多様なのです。また，同時に，家族には，デモクラシー，つまり対等なコミュニケーションに基づいた関係が必要です。それを象徴するように，この国際家族年のスローガンは「家族から始まる最小のデモクラシー」でした。

人間にとって家族という仕組みは，今後も不可欠のものとして存続していくことでしょう。だからこそ，男女の公正で対等な関係性という視点で家族を捉えるとともに，家族を社会的に支援していく制度作りが，今，本格的に問われようとしているのです。

●学習課題

新聞の生活情報面などを題材に，現代日本における具体的な家族問題（育児，介護，結婚，離婚など）について調べ，その解決法について，個人生活および社会生活の両面から，考えてください。

●引用・参考文献

青い窓の会編『お父さんはとうめい人間：お父さんこっちむいて』光雲社，1986年

岩上真珠『家族』有斐閣，2003年

落合恵美子『近代家族とフェミニズム』勁草書房，1989年

落合恵美子『21世紀家族へ（新版）』有斐閣，1997年

野々山久也・渡辺秀樹編著『家族社会学入門』文化書房博文社，1999年

11 教育とジェンダー

学習のポイント

幼児期における男女の役割意識形成や，学校教育や社会教育におけるジェンダー問題について考えます。隠れたカリキュラムの問題や女性研究者の抱えている課題など，教育の場におけるジェンダー・バイアスについても，批判的に考察を加えます。

● **役割取得と社会化**

ジェンダーが社会的文化的な構築物であるとするならば，この問題にとって，教育の持つ意味はきわめて大きいと考えられます。

社会学には，社会化という概念があります。周囲の人々と相互作用しつつ，所属する社会のルールを身につけ，その社会のメンバーになっていくプロセスを意味します。

例えば，トーマス・チャールズ・クーリーという社会学者が，「鏡に映った自己」という概念で，この社会化について説明しています。人間は，他者を自分にとっての鏡として，社会的な自己を形成していくというのです。

ジョージ・ハーバード・ミードという社会学者は，役割取得という言葉で，子どもたちが，成長の過程で，周りの人たちの役割を自分の中に取り入れながら自己を形成していく様を分析しています。彼は，幼児期に子どもたちが取り入れる役割を担う他者を，「重要な他者」と呼んでいます。親や近隣の人などの身近な人たちです。子どもたちは，やがて，

成長するに連れて,「一般化された他者」の役割を内面化していくとミードはいいます。一般化された他者とは,重要な他者のように,身近で具体的な個人ではなく,もっと抽象的な社会そのものが,私たちに要求する役割です。この一般化された他者の内面化により,私たちは,自分たちが所属する社会のメンバーとしての役割を担うようになるというわけです。

●**家庭で身につけられるジェンダー**
　ミードのいう重要な他者の役割取得をジェンダーとからめて考えてみましょう。重要な他者は,お母さんであったり,お父さんであったり,あるいはおじいちゃんであったりおばあちゃんであったりするわけです。そういう身近な人の役割を受け入れつつ,私たちは自己を形成してきたわけです。ところが,現代社会では,おかあさんは女性としての役割を果たしているし,お父さんは男性としての役割を担っている。そうなると男の子は,自分にとって同性である身近な男性の役割を自分の中に取得していくことになるし,女の子は身近な女性の行っている行為をみながら,それを内面化していくというプロセスが生じていくわけです。
　ジェンダーによって人間が二つに分けられている現代社会で,子どもたちは,だいたい3歳から5歳くらいの間に,周りの人たちから影響を受けながら自己のジェンダー意識を形成していくと考えられています。

●**学校教育と「隠れたカリキュラム」**
　小学校などの制度化された教育の仕組みの中で,男の子や女の子たちは教育の場でのジェンダーというものと直面することになります。
　学校は,内閣府などの調査でも,政治の場や職場,法制度や社会慣習などと比べて,最も「平等になっている」と答える割合が高い領域です。

戦後日本の教育は，男女平等教育ということで，男女の平等が理念として謳われてきました。しかし，よくみていくと，やはりまだまだ気がつかないまま，そこには男の子と女の子を分離するような仕組みが働いているのです。

「隠れたカリキュラム」という言葉があります。つまり制度化されたカリキュラムとは異なる形で，無自覚なまま提供されている，「見えないカリキュラム」のことです。

そもそも，学校の仕組みそのものに，この隠れたカリキュラムが存在するということもできます。小学校は現在，女性の先生が大体7割前後を占めているはずです。しかし小学校の校長先生の女性の割合は，まだまだ低いのです。せいぜい2割，あるいは3割くらいだと思います。こうした構図は，子どもたちにどう映るでしょうか。結局，「リーダーは男性」という意識が，どこかで子どもたちに伝わってしまうということはないでしょうか。

こうした見えない形で，男が主で女が従だという意識が作られてしまうなら，やはり問題でしょう。

● ジェンダー・トラッキング

中学校や高校に行っても，見えない男女の水路付けが，さまざまな形で存在しています。例えば大学進学という時に，女子学生は人文系に流れる傾向が，まだ根強いのです。そこには，陸上競技のトラックのようなものが作られている，とも考えられます。つまり，男女で，走るコースがあらかじめ決められているのです。これをジェンダー・トラッキングと呼ぶことがあります。

また，女子学生がやる気を出しても，どこかでクールダウンさせられる仕組みがあるということも指摘されています。つまり，「女の子はそ

んなに頑張らなくてもいいんだよ」というメッセージが，教育の中で提示されてしまうことで，やる気のある女子生徒も，自分の力をどこかで抑制させられてしまうのです。

　女性には，しばしば「成功不安」がある，ともいわれています。成功不安とは何か。例えば物事を決める立場になるとか，人をリードする立場に立つ，そういう立場につく段階になる，それに対する不安が広がってしまうという現象です。

　例えば，地域の自治会などで女性に役員をお願いすると，すごく抵抗される人がいます。男性の場合は，「私に務まりますか」などと言いながら引き受けられる方が多いのですが，女性の中には，大変強く抵抗される方がいるのです。こうしたことの背景には，小さい時からの教育を通じて，「女性はリーダーシップをとるべきではない」，「前に出るべきではない」というトレーニングが控えているのではないでしょうか。

●**教育の場におけるコミュニケーション・トレーニング**

　こうした状況から生徒を脱出させるためにも，エンパワーメントに向けた教育が必要になります。

　中でも，アサーティブ・トレーニングなどのコミュニケーション・トレーニングは，重要な意義を持っているといわれます。

　アサーションとは，「他者を尊重するとともに，自己肯定的な主張」ということです。つまり，受け身にもならず，逆に，攻撃的にもなることなく，自己の主張を相手に適切に伝えるコミュニケーションの仕方ということです。

　例えば授業で先生の声が小さいという時，受け身タイプの人であれば，何も言わずに，心の中で勝手に先生の声の低さをイライラしながら不満を抱くような形のスタイルになりがちです。他方で攻撃的なタイプだっ

たら,「もっと大きな声でしゃべってください！」と,怒った表情で声を上げるかもしれません。これは本人は気持ちがいいかもしれませんが,言われた本人はムカッとするでしょう。相手に配慮したコミュニケーションとはとてもいいがたいものです。

　アサーティブなコミュニケーションの場合,例えばこんなふうに言うわけです。「先生,声が小さくて聞きにくいんですけど,もうちょっと大きな声で話していただけると,よく聴こえると思います」。

　これなら,先生の方もムカッとすることはないし,しかも自分の主張は的確に伝えられるというわけです。こうしたアサーティブなコミュニケーションの力は,これから子どもたちが社会に出て行く時に,大変重要な意味を持っていると思います。

● **性教育の重要性**

　ジェンダーと教育というと,性教育についての問題も,重要な課題になります。もちろん性教育は,発達段階に合わせて,きちんとした形で提示されるべきものです。小さい子に,突然,男女が性行為をしている場面を提示するというようなことは,大きな問題を生むと思います。しかし,発達段階に見合う形で,適切な性教育を与えることは,今後とも,きわめて大切になっていくはずです。

　中でも,性教育にジェンダーの視点を取り入れることは,きわめて重要です。性教育の場で,避妊であるとか,妊娠であるとか,出産であるとかについての知識は与えられてきました。しかし,現代社会においては,こうした性の場に,男女の力関係が介在しているという問題が十分に教えられているとはいいがたいように思います。

　男性がリーダーシップを取り,女性がそれに従う,そういう仕組みの中で,望まない妊娠をしてしまったりするようなケースもあるわけです。

だからこそ，性教育の場に，ジェンダー平等の視点を積極的に導入することが大切になります。
　先ほどのアサーションの問題も含めて，対等なコミュニケーションの中で性というものが営まれるべきだということを，性教育の中でもきちんと提供していくことが必要になっているのです。

●メディア・リテラシー
　ジェンダーの観点からみて，教育の場に，コミュニケーション・トレーニングを取り入れていくことはきわめて重要です。メディア・リテラシーもその課題の一つです。メディア・リテラシーとは，マスメディア等々のメディアを的確に読み解くとともに，メディアを活用していくという力を意味しています。
　日々，接しているメディアの中にも，さまざまなジェンダー・バイアスが潜んでいます。ドラマの中では被害者は女性になりがちです。男性は，攻撃的な方がかっこいいかのように描かれたりしています。こうしたメディアの中のジェンダーを読み解く力を身につけることで，作られたメディアの中のジェンダーの仕組みを，きちんと分析しながら読み解いていく力がこれから大変必要になっていくと思います。
　メディア・リテラシーは，メディアを読み解くだけの問題ではありません。先ほど申し上げたようにメディアを活用していく力も重要です。メディアが生み出すジェンダー・バイアスを見抜く力とともに，メディアを活用し，自ら情報を発信していくための力も，メディア・リテラシー教育の中では必要なのです。
　最近は，リーガル・リテラシーということもいわれるようになってきています。つまり法律についての知識をきちんと持つとともに，それをきちんと活用する力を教育の中で育んでいこうという流れです。日本の

社会にも，ジェンダー平等に関わるさまざまな法律があります。しかし多くの人は，それをきちんと読んでいない。だから活用しようにも活用できないわけです。だからこそ，法律の中にあるジェンダー平等の視点について学習し，それを使いこなしていくような力を身につけていくことが，これからのジェンダー教育の中では大変重要になっていくのではないかと思います。

●非暴力のコミュニケーション

　学校の中に，暴力防止のトレーニング，あるいは非暴力トレーニングを持ち込んでいこうという流れも最近は強調されつつあります。現実に，社会では，ドメスティック・バイオレンスや，恋人・元恋人同士のバイオレンス，あるいは性暴力ということがしばしば問題になっています。ここにもジェンダーの問題が潜んでいるのです。

　性暴力の章でもふれましたが，男性たちは，自分たちが支配的な性であるということを確認しようとして，それが時に暴力という形で，あふれ出てしまうということがある。だからこそ，男性たちに，自分たちの自覚していない苛立ちや，「支配しなくてはならない」という思い込みを自覚させることが重要です。そうしたこだわりから男性を解放させていくためのトレーニングは，子どもの時から必要なのです。

　ここでは，感情表現を的確に行うためのトレーニングが，実は大変重要になってきます。自分の感情というようなものを表現できないがゆえに，それが暴力になってしまうということがしばしばあるからです。自分の感情を的確に把握して，自分の感情を言葉にしていくトレーニングは，長い目で見た時に性暴力やジェンダー間の暴力を抑制する機能を持つのではないかと思われます。

　非暴力のトレーニングと同時に，暴力を受ける可能性のある状況を回

避するためのトレーニングも必要になってきています。例えば，日本でも，NPO などがしばしば子どもたちに教育の方法として提供している，CAP（Child Abuse Prevention）という暴力防止プログラムがあります。これを，学校教育の中に取り入れる都道府県なども生まれつつあります。

　CAP のプログラムの中でしばしば使われるものに，NO／GO／TELL というスローガンがあります。NO というのは暴力にさらされた時に，「嫌だ」とか「やめて」とはっきりと意思表示をするということです。GO というのは，そういう状況になった時にそこから逃げるというトレーニングです。TELL というのは，自分の身におきた暴力に対して，誰かに話すということです。こうした NO／GO／TELL というトレーニングを，例えば学校教育の中で提供していくならば，それは暴力被害から子どもたちを解放していくための一つの方法になるはずです。

　もちろん，こうしたコミュニケーションの問題は，男女の対等なコミュニケーションの形成というところに結びつけて実行されるべきことでしょう。

●**高等教育にみられるジェンダー課題**

　大学や短大等々の高等教育も，ジェンダーの視点からみると，さまざまな問題を含んでいることがわかります。

　2003 年に発表された OECD（経済協力開発機構）のデータをみると，日本の教育問題の現状が少しみえてきます。日本に暮らす人々は，「日本は教育立国でしか生き延びられない」と考えている方も多いと思います。しかし，現在の日本の教育事情，特に高等教育の抱える問題は，きわめて重いのです。

　というのも，1990 年代半ばくらいから，経済の発達した国々は，急激に教育の分野に，財政も含めてエネルギーを注いできているからです。

1995年から2000年の間に，OECD加盟の経済の発達した諸国では，高等教育への進学率が急上昇しています。しかし，日本は，この流れの中で，取り残されつつあるようなのです。

例えば2001年段階で，OECDでの大学型の高等教育への進学率は，平均で47%です。この数字は，もちろん，男女合わせたものです。ところが，日本の高等教育への進学割合は41%でしかありません。2001年段階で6ポイントOECD平均から下回っているのです。いわゆる経済の発達した国の中で，日本の国というのは高等教育という点において，この10年の間で出遅れてしまっている状況にあると読み取れるわけです。

中でも1990年半ばからの高等教育の進学において，目立っているのは，女性の進学率の急上昇です。OECD平均をみますと，大学型の高等教育進学率で，女性は同世代の51%が進学しているという数字が出ています。これに対して男性は41でしかありません。つまり経済の発達した国々では，高等教育進学という点では女性が男性を10ポイント上回っているという状況なのです。

ところが2001年段階でみますと，日本は，男性は48でOECD平均よりちょっと高いのですが，女性は33でしかありません。OECD平均は女性の51%が大学型の高等教育に進学しているわけですから，ここには大きな差があります。日本は，女性の大学型高等教育進学率という点では，経済の発達した国の中では際立って低い社会なのです。

他の経済の発達した国々が，この10年から20年の間に，女性の高等教育進学という形で大きな転換を迎えているのに，日本の場合はその流れが形成されていないのです。

● **低学力化とジェンダー**

実はもう一つの逆の問題もあります。男性と女性がOECD平均で女

性の方が上回っているというアンバランスさが形成されているということは，男性の方が，経済の発達した国では大学に進学していないということです。これも教育におけるもう一つのジェンダー問題です。

これも同じく OECD のデータなのですが，いわゆる低学力層は，男性が多いという結果が出されているのです。特に読解力の分野で，低学力の子どもたちを調べると，圧倒的に男の子だということです。つまり男の子をどう教育していくかということが，学力低下問題にとって，今後，大きな課題になる可能性があるのです。

というのは，男の子は，「勉強する」ということに対して，ジェンダーの壁があると考えられるからです。勉強する男の子は「ガリ勉」だ，「男らしくない」といった非難がなげかけられやすいのです。これは世界中同じような傾向がみられるといわれています。勉強するのは男らしくないという形でプレッシャーがかけられているのです。また，男の子の方が，わりと早い段階で挫折してしまうということも多くの国々でみられるという議論もあります。

逆に，今まで，女性たちは，女の子だからということでさまざまな壁がありました。先ほどふれた成功不安であるとか，ジェンダー・トラッキングも，その例です。しかし，ジェンダー平等の広がりの中で，こうした壁が少しずつ解消されてきているのです。だからこそ，多くの国々で，女性の教育の場への進出が拡大しているのです。

●**女性研究者問題**

日本の場合，女性の高等教育への進学率は，他の諸国と比べて低いままです。その結果でもありますが，女性の研究者割合という点でも，日本は他の国と比べると極端に問題があるといわれているのです。

大学型の教員における女性割合というデータが，同じく 2001 年の

OECDのデータには含まれています。日本は大学型で女性教員割合が14.1%でしかありません。OECD平均が36%ですから、これは図抜けて低いといわざるを得ない。日本の次に低いのは韓国ですが、韓国は25.3%あります。日本よりも10ポイントも上回っているのです。つまり一番下に14.1%の日本があり、その次に低いのが25.3%の韓国ということで、その間には、かなりの格差があるのです。

企業等の研究所も含めた研究者全体でみると、女性割合は11.9%です。これも、ほとんど世界最低です。実はちょっと前まで韓国が日本より下で、11.4%でした。大学では韓国の方が女性教員割合では上回っていたのですが、研究者全体でみると日本よりちょっと下だったのです。ところが、2007年に発表された新しいデータによると、韓国が日本を抜いたそうです。日本は、研究者に占める女性割合という点でも、経済の発達した地域の中では、世界最低の状況になっているのです。

文部科学省も、「これではまずい」ということで、女性研究者支援というプログラムを作成し、女性研究者の割合を高める方向でさまざまな政策を打ち出しつつあります。

いずれにしても、国際的な大きな流れからみた時に、日本の女性研究者割合は、大変低いのです。このことは、高い女性の研究者の能力を十分に日本社会が活用しきれていないということです。外国からみれば「何ともったいないことをしているのか」ということになります。

●社会教育におけるジェンダー

この放送大学もその一つの機関ですが、生涯学習におけるジェンダーという課題についてもふれておきたいと思います。

政府の調査などによれば、男性より女性の方がより積極的に、社会教育、生涯教育に関わっているという数字があります。ジェンダー平等の

政策の展開の中で、各地に女性センターや男女共同参画センターが設立され、女性向けの社会教育も盛んに行われています。

ボランティア活動も含めて、社会的な参加という点では、女性たちがかなり積極的に動いているのです。こうした自己教育の場としての生涯学習の場でも、ジェンダーの視点にたった、さまざまな新しい動きがみられます。

しかし、ここではむしろ、男性の問題を考える必要があります。なぜ、男性たちは生涯学習や、自己教育という点で積極的でないのでしょうか。

ジェンダー平等という視点からも、あるいは、地域再生や家族の新しい関係形成という点でも、今後は、男性たちが社会教育、生涯教育の場所にもっともっと積極的に参加していけるような仕組みを作っていくことも、きわめて重要になります。

教育という課題は、私たちの未来をどう描くかという問題と、深く関わっています。だからこそ、「教育とジェンダー」というテーマは、今後も私たちにとって最重要な課題として存続していくのではないかと思っています。

●学習課題

「隠れたカリキュラム」という視点にたって、教科書などを材料に、そこに映し出される男女イメージを分析してください。

●引用・参考文献

天野正子・木村涼子編『ジェンダーで学ぶ教育』世界思想社、2003年
木村涼子『学校文化とジェンダー』勁草書房、2000年
森田ゆり『エンパワーメントと人権』解放出版社、1998年

12 スポーツとジェンダー

> **学習のポイント**
>
> 基本的に男性主導で発展してきた近代スポーツが，今，大きく変わろうとしています。スポーツという身体文化との関わりの中でジェンダー問題について分析していきます。

● はじめに　女性のマラソンが開始されたのは？

最初に一つクイズに答えていただきましょう。

オリンピックで女子マラソンが正式種目になったのはいつでしょう？

若い世代の中には，「オリンピックに女子マラソンがない時代があったの」と，驚く人もいるかもしれません。特に日本では，オリンピック以外にも，さまざまな女子マラソンの大会があり，テレビでもよく中継もされているからです。でも，この女子マラソン，オリンピック競技として開始されたのは，実は，それほど前のことではないのです。1984年のロサンジェルス大会でのことです。

それでは，なぜ女子マラソンはそれまで種目として取り上げられなかったのでしょうか。理由は単純です。「女性は本来体力がないから長距離走は無理だ」というのが，長い間，世界の常識だったからです。

それでは，女子マラソンはどんな経過でオリンピックの正式種目になったのでしょう。このことについては，あるエピソードにふれる必要があります。1966年のボストン・マラソンで起こった「事件」のことです。当時，ボストン・マラソンは，「世界中の誰にでも開かれた」マ

ラソンとして知られていました（現在では，ある程度の長距離の記録があることが条件になっているようですが）。しかし，この「誰にでも開かれた」マラソンに，ロバータ・ギップさんという女性が参加を申し込んだところ，拒否されてしまったのです（「誰でも」は，暗黙のうちに「男性」に限定されていたのでした）。彼女は，この拒否にもめげず，「男性」にみせるために青い服を着て茂みからスタートし，見事ゴールインしてみせました。彼女は，女性にもフルマラソンが可能であることを，自分の身を以て証明してみせたのです。

しかし，実際に完走した女性がいるにもかかわらず，国際陸上連盟は，女子マラソンをなかなか正式には認めませんでした。公認されたのは，1979年開催された第1回東京国際女子マラソンまで待たねばならなかったのです。オリンピックについては，さらに時間がかかり，冒頭にふれた1984年まで待たねばなりませんでした。

●**スポーツにおけるジェンダー・バイアス**

この女子マラソンの例にみられるように，スポーツは，身体という生理的な要素が重視される領域です。だからこそ，スポーツの分野においては，他の領域以上に，ジェンダーによるバイアスが存在しているといってもいいかもしれません。

もちろん，身体的に異なる要素を持つ男女間に，スポーツ能力における差異が存在しているのは明らかでしょう。図12-1は，男女のスポーツ能力の差を図示したものです。この図にみられるように，平均値をとれば，男女間において男性が優位であることが読み取れることでしょう。

しかし，その一方で，女性の最高レベルは，男性の98％（全男性の98％が含まれる）以上に，スポーツに秀でているということも読みとれることでしょう。こう考えると，「男の方が女よりもスポーツ能力がある」

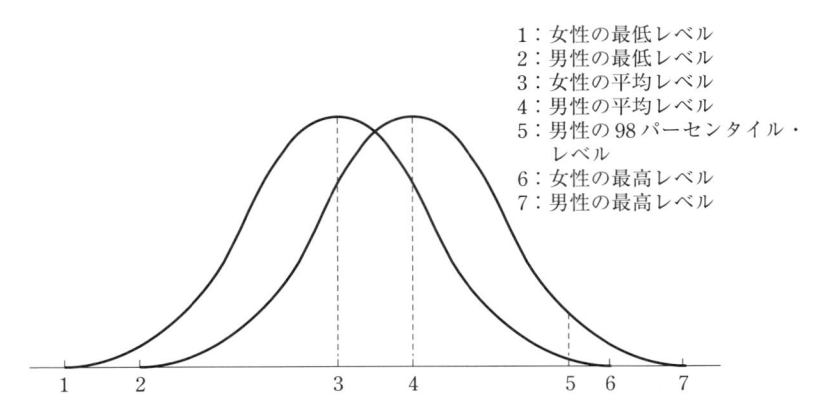

1：女性の最低レベル
2：男性の最低レベル
3：女性の平均レベル
4：男性の平均レベル
5：男性の98パーセンタイル・レベル
6：女性の最高レベル
7：男性の最高レベル

（出所）伊藤公雄「スポーツとジェンダー」井上俊・亀山佳明編『スポーツ文化を学ぶ人のために』世界思想社，1999年。

図12-1　男女のスポーツ能力における差異

とは簡単にいえなくなります。能力差は個人差であるともいえるからです。実際，一般の男性以上にすぐれたスポーツ能力を持つ女性はたくさんいるのです。例えば，国際競技の女性種目に出場して入賞できる男性が，どれだけいるか，と考えるだけで，そのことは明らかでしょう。

しかも，この図が示すスポーツ技術と能力は，明らかに男性を基準に考えられていることにも注意をはらう必要があるでしょう。近代スポーツは，筋力や瞬発力など，男性が優位な「能力」や「体力」を基準に作られてきました。筋力，瞬発力という点でみれば，生理学的にみても，平均的には男性の方が優れていることでしょう。しかし，逆に，女性に有利な「能力」や「体力」を基準にしたスポーツが生まれれば，今度は男性が不利になる可能性もあるはずです（例えば「持久力」という「体力」を例にとれば，その一つでもある平均寿命という点で，日本の女性

は男性を約7年上回っています)。長距離走の距離をそれこそ200 kmにして試してみたら、もしかしたら世界記録は女性が獲得するかもしれません。実際、現在の海洋遠泳の世界記録保持者は、ほとんどが女性なのです。

　また、スポーツ能力の差が、トレーニングの結果により、可変的であることもおさえておく必要があります。図12-2は、水泳の100 m自由形およびマラソンの男女別の世界記録の推移を示したものです。100 m自由形では、1930年代に、また、すでに述べたようにごく最近再開されたマラソンにおいても、1970年代に、女性たちは、20世紀初頭の男性たちの最高記録を追い抜いているのです。なぜ、女性の記録が男性

(a) 水泳100m自由形世界記録の推移

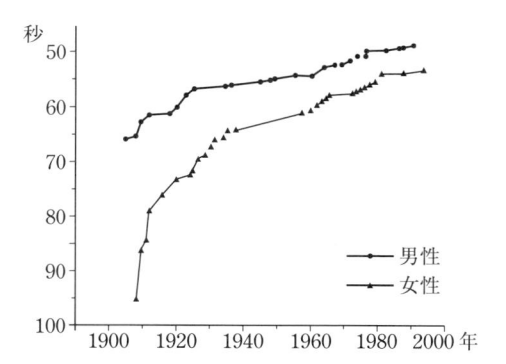

(b) マラソン世界記録の推移

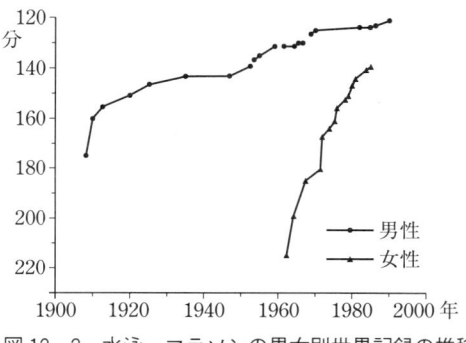

図12-2　水泳、マラソンの男女別世界記録の推移

に劣ってきたかを考える時，その背景に，「女性はスポーツには向かない」という形で，トレーニングから排除されてきたという歴史がみえてくるでしょう。逆にいえば，トレーニングを通じた身体・スポーツ能力の変化は，今後，女性のスポーツ参加の拡大や記録の向上につながる可能性を秘めているということです。

●近代スポーツとジェンダー

　こう考えてくると，私たちが，スポーツと呼んできたものの多くが，ジェンダー・バイアスの下にあるということがよくわかります。そもそも，近代になって発展してきたスポーツは，基本的に「男性のもの」として作り出されてきたからでもあります。

　そのことは，いわゆる伝統スポーツを例にとれば明らかでしょう。というのも，伝統スポーツには，ジェンダーという視点からみて，現在以上に多様性が見出せるからです。実際，伝統スポーツの中には，近代スポーツの多くに共通してみられる，男性の身体に適合した形ではなく，時にはジェンダーレスにみえるようなものも数多く含まれています。

　例えば，北米のネイティブ・アメリカンの人々やオセアニアのアボリジニのスポーツの中には，近代スポーツにみられるように男性だけに限定された形態ではなく，男女混合で行われるものや，男女対抗のものも数多く存在しているといわれているのです（ブランチャード，1995）。

　また，こうした伝統スポーツは，近代スポーツのようには，競争の強調や，あくなき勝利の追求，さらには効率重視や記録重視といった傾向はそれほど強くないといわれています。むしろ，競争や勝利よりも，身体を用いたパフォーマンスそのものを楽しんだり，他者との共有した時間を持つことが，スポーツの目的になっていたのです。

　ところが，19世紀前後，西欧社会において近代スポーツが確立され

てきます。それまでは，西欧においても今でいうスポーツの多くは，時に宗教性を帯びたルールなき祭典だったのです。しかし，近代工業社会の発展とあいまって，こうした身体を用いた集団的なフロー体験の場としての伝統スポーツが，公認のルールに基づいた合理的なものへと姿を整えていくのです。

前近代のスポーツから近代スポーツへのこの変化を，スポーツ社会学者であるアレン・グットマンは，世俗性・平等性・官僚化・専門化・合理化・数量化・記録への固執といった視点でまとめていることはよく知られています。

考えてみれば，グットマンが指摘する，共通のルールの下での，競争や効率と数量化の重視，専門化と合理化といった近代スポーツの原理の背景には，明らかに男性主導で発展してきた近代産業社会の仕組みが反映されているといえるでしょう。

●ジェンダー化の教育装置としての近代スポーツ

そればかりではありません。近代スポーツは，それを通じて，男性たちを〈男らしさ〉の鋳型に沿って，一人前の「男」へと作り出す機能も果たしていたといわれているからです。例えば，近代スポーツの重要な原理の一つである「ノーペイン・ノーゲイン」の原則を例にとってみましょう。この原則の背後には，「苦しさに耐えることなしに勝利はない」という発想が存在しています。ここには，明らかにスポーツ選手にとっての〈男らしさ〉意識の重要性が強調されているといえるでしょう。

男性たちは，スポーツにおいて勝利するためには，個人的な傷やケガを無視し，自らの身体感覚を抑圧し，感情表現を制限することが要求されるのです。それは，そのまま，近代産業社会の担い手であった男たちの生き方ともつながっているといえるでしょう。

他方，女性たちは，男性主導の近代スポーツから排除され続けてきたといえるでしょう。

「強すぎる筋肉組織は出産を阻害し不可能にするおそれがある，乗馬やサイクリングは『骨盤をゆがめる』ので女性に適さない，冷水での水泳は月経に悪い影響を与えるので『熱すぎる湯』と同様避けるべきである。そもそも月経時に女性はスポーツをするべきではない，とくに達成スポーツと競技スポーツはそうである。彼女たち特有の新陳代謝と心臓循環器システムの故に，持久的な達成は女性には適さない。心臓と肺は女性の場合男性より小さくその能力も低い，その上女性の血球は男性よりも少ない」（グルーペとクリューガー，2000，41-42頁）といった見解が，科学の名の下におおっぴらに語られ続けていたのですから。

● **スポーツにおけるジェンダー平等**

しかし，ジェンダー平等を求める声が，国際的にも大きく広がる中で，スポーツとジェンダーの関係も変化し始めています。女性たちの男女平等を要求する動きは，スポーツの分野においても着実に広がったのです。

アメリカ合衆国において，1974年に連邦議会を通過した「タイトル・ナイン」（教育修正法第9編）の制定は，スポーツにおけるジェンダー平等の動きの典型的な例でしょう。

連邦政府から財政的援助を受けている教育機関での性差別の禁止と機会均等を謳ったこの法律は，その34条で，次のように規定しています。

「いかなる学校でも，性を理由に別々のコースを設けたり，また別々の教育プログラムあるいは活動を実施したり，生徒の参加を要求したり拒絶してはならないものとする。このようなコースには，保健，体育，工業，商業，職業，技術，家庭，音楽，成人教育等の科目が含まれる」。

また，同法は，課外スポーツについても，その41条で，一般的規定

として

　「いかなる者も，学校によって提供される対抗競技，大学対抗競技，クラブあるいは校内競技において，性を理由に参加を拒まれたり，関心を否定されたり，他の者と違った扱いをされたり，さまざまの点で差別されることはない。また，いかなる学校も，性をもとにそのような課外スポーツを提供してはならないものとする」
と述べています。

　もっとも，いくつかの例外は存在しています。つまり，コンタクト・スポーツや競争的技能を必要とする場合では，男女の分離は認められており，また，スポーツ教育における能力別のグループ編成もまた認められているのです（井上，1999）。

●スポーツ研究とジェンダー

　こうしたスポーツにおけるジェンダー問題の浮上にともなって，スポーツ研究の領域においても，ジェンダーというテーマが，きわめて重要な課題になろうとしています。しかも，そこで扱われているテーマや視点も，以前と比べれば，大きな様変わりをみせているように思われるのです。

　以前のスポーツ研究において，ジェンダー問題を扱う視点は，生物学的な性差をめぐる議論や社会学的な性役割理論が中心でした。それが，70年代以後，フェミニズム研究の影響で，スポーツをめぐる女性学の観点からの研究が急増するようになったのです。いわゆる women in sport 研究です。

　こうした流れの中で，近年，さらに新たな傾向がみえ始めています。スポーツにおける男性性をめぐる歴史的あるいは文化的研究の増加です（伊藤，1998など参照）。

特に，フェミニスト研究は，スポーツにおける身体もまた，社会的な構築物であるという視点を強調するようになっています。近代社会の登場とともに，女性の身体が，「保護されるべき存在」，「子どもを生み育てるべき存在」，「男性に比べて身体的に劣等な存在」として，固定化・拘束されてきたという，女性の身体イメージの歴史的考察の登場です。
　こうした動きをうける形で，今やスポーツ社会学における性をあつかう視点は，women in sport から，男性性や同性愛者のスポーツ，男女の関係性などを包括した gender and sport へと，より幅広い方向へ拡大しようとしているのです。

●ジェンダーとスポーツの未来
　以上みてきたような，スポーツにおけるジェンダー問題への関心の広がりは，これまでの男性主導の近代スポーツのあり方を大きく変えつつあります。
　オリンピック競技における女性参加者の増加は，その一つの現れでしょう。戦前には1割以下の参加者しかいなかった女性アスリートが，2000年のシドニー大会では，ほぼ4割にまで増加しているのです。今後この男女の格差はさらに狭まっていくことでしょう。
　その一方で，男性限定の競技種目は減少し，今や，多くの競技が男女双方によって担われるようになっています。オリンピックで，初の女性競技が取り入れられた1900年パリの大会では，女性競技はテニスとゴルフのみでした。しかも両者ともに非公式の競技だったのです。それが，2000年のシドニーで開催された夏季オリンピックでは，女性種目が，ほぼ4割を占めるようになっています。

● 身体を使う楽しさの回復に向けて

　こうしたジェンダー問題のスポーツとの関わりの深化は，学校や地域におけるスポーツの将来とも密接にからんでいます。男性中心のスポーツからジェンダーを超えたスポーツへの移行は，スポーツのあり方そのものを改めて私たちに問いかけようとしているからです。というのも，この変化は，女性のスポーツ参加者が増大したということにとどまらない，もっと深い地殻変動とでも呼べる要素をともなわざるを得ないからです。

　例えば，女性スポーツの拡大は，一般に男性が有利な筋力や瞬発力を軸にした競技から，必ずしもそれらの能力が重視されない新しいスポーツの発展を生みだしつつあります。例えば，いわゆるニュースポーツの中には，これまでの競争とそれによる勝利を目指すスポーツとは異なる，競争しないスポーツも多く登場しつつあるのです。

　例えば，スポーツという語をひっくり返した「トロプス」の登場などは，その一つの現れといえるでしょう。「だれも『落ちこぼれる』ような人のいない楽しい運動」，「敗者のないゲーム」としてのトロプスは，明らかに，競争と勝利至上主義の男性主導の近代スポーツの転換を要求しているといえるからです（影山・岡崎，1984）。競争よりも，身体を使う喜びといった要素が，そこでは強調されているのです。

　ここで語られているのは，競争至上・勝利至上の近代スポーツ像から，再び，身体を動かす喜び，共同によるパフォーマンスの楽しみに軸をおいたスポーツへの移行ということではないでしょうか。もちろん，競争を重視する競技スポーツがなくなることはないでしょう。しかし，学校教育におけるスポーツについては，これまでの競技スポーツ中心（それは，任意加入の地域のスポーツ・クラブにまかせることも可能なことでしょう）の授業形態から，身体を使う楽しみ方を重視した教育へと向か

うことが，問われているのではないでしょうか。

競争や勝利を前提としないスポーツは，ジェンダーや年齢による差別・区別を必要としません（ここでは，障害がある人・ない人共通のスポーツの可能性も開かれることでしょう）。しかも，こうしたスポーツは，生涯を通じたスポーツの楽しみを私たちに提供してくれることになるでしょう。

● **おわりに**

それにしても，対等なジェンダー関係に基づいたスポーツはいかにして可能なのでしょうか。

スポーツにおける男女対等において，問題なのは，機械的・形式的平等なのでしょうか，それとも実質的平等なのでしょうか。男女が入り交じる形で競技スポーツが行われるなら，現状の男性主導の競技スポーツの多くで，男性優位となる可能性が高いでしょう。一方，新体操のような柔軟性をテーマとするスポーツをすれば，現状では，女性の側に有利になることでしょう。しかし，筋力や瞬発力にすぐれた男性にハンディキャップをつけることで，男女の全く混合のスポーツ競技も可能になるかもしれません。また，スポーツの授業において，身体的柔軟性の重要性について再認識させることが，男女間の身体的ジェンダー・ギャップを，これまでの男性優位とは異なる視点から見直す機会を，生徒たちに提供するかもしれません。また，コーフボールのような，一つのスポーツにおける男女の均等な割り当て方式も，新たな競技スポーツの形として工夫される必要性も出てくるでしょう。

とはいっても，スポーツにおけるジェンダー問題の取り組みを進めるためには，まだまだ多くの課題があります。例えば，それぞれのスポーツの男女別運営（例えば，女性サッカーと男性サッカー）は，性差別な

のか，それともジェンダー平等の保証なのでしょうか。そもそも，身体的性差は，スポーツにとって，克服できない課題なのでしょうか。すでにふれたように，競争と効率中心の近代的な男性型スポーツは，現代のような時代において，どう変容する可能性があるのでしょうか。逆に，女性原理に基づいた新しいスポーツの形態といったものが構想しうるのでしょうか。スポーツ現場における実践的課題をちょっと考えてみても，考察すべき問題は山積みなのです。

　いずれにしても，ますます広がるスポーツの多様化の中で，おそらく，ジェンダーという課題は，理論的にも，また実践的な課題としても，今後，ますますその重要性を増すことになることは疑いえないことは明らかなことでしょう。

●学習課題
　近代オリンピックにおける，女性参加種目の増加について調べてください。あわせて，各種目での，女性アスリートの記録の伸びと，男性アスリートのそれとを，グラフにして比較してみてください。

●引用・参考文献
井谷恵子・田原淳子編『女性スポーツ白書』大修館書店，2001年
伊藤公雄「〈男らしさ〉と近代スポーツ」日本スポーツ社会学会編『変容する現代社会とスポーツ』世界思想社，1998年
伊藤公雄「スポーツとジェンダー」井上俊・亀山佳明編『スポーツ文化を学ぶ人のために』世界思想社，1999年
井上洋一「スポーツにおける男女平等機会」江刺正吾・山田昇編『女性と社会』世界思想社，1999年
影山健・岡崎勝編『みんなでトロプス！』風媒社，1984年

グルーペ，O. & クリューガー，M.『スポーツと教育』（永島惇正他訳）ベースボール・マガジン社，2000 年

滝沢宏人「体・体力の性差」坂東昌子・功刀由紀子編『性差の科学』ドメス出版，1997 年

ブランチャード，K.「21 世紀の伝統スポーツ，国際関係，および世界秩序について」寒川恒夫監修『21 世紀の伝統スポーツ』大修館書店，1995 年

13 セクシュアリティとジェンダー

> **学習のポイント**
>
> 性的マイノリティの問題もまた，現代社会の重要な人権問題です。性的指向性やトランスジェンダーなど多様な性という視点をふまえつつ，セクシュアリティの問題を考えていきたいと思います。

● はじめに

日本でもベストセラーになった『世界がもし100人の村だったら』（池田香代子再話，C. ダグラス・ラミス対訳，マガジンハウス，2001）を読んだ人なら，かなりはじめの方に，次のように書いてあるのに気がつかれたことでしょう。

「90人が異性愛者です／10人が同性愛者です」。

おそらくはアメリカ合衆国の心理学会のデータをもとにした数字だろうと思います。実際，どの国の調査でも，同性愛者（多くは男女両性に性的な関心を抱く両性者の人も含んだ数字である）の割合は，3-5%から10%台くらいの間の数字になります。同性愛的「傾向」を持っている人を調べたアメリカの調査では，4割を超える人がそうした傾向を持っていると回答したという論文をみたこともあります。

『100人の村』に従えば，10人に1人が同性愛者という計算になるわけです。ということは，学校のクラスなどで，40人の生徒がいたら，4

人程度（半分の5％としても2人），同性愛の方がいるということになります。でも，先生たちは，授業や生活指導の中で，この数字をきちんと頭に入れて，生徒たちと対応しているでしょうか。おそらく，そうした方は少ないのではないでしょうか。しかし，こうした問題への認識不足が，時に悲劇を作り出すこともあるのです。

●性的指向性と子どもたち

子どもの人権問題について詳しい森田ゆりは，『子どもと暴力』（岩波書店，1999）において，こう述べています。

「アメリカ連邦政府の報告によればホモセクシュアルの10代の自殺はヘテロセクシュアルの同年代の2〜3倍になる。自殺したティーンエイジャーの3人に1人はホモセクシュアルだという／さらに最近の研究論文や学会で引用されている調査結果では，ゲイ，レスビアン，バイセクシュアルのティーンズが自殺を試みる率は30％を超えると報告されている」（183頁）。

なぜ，こんなことになるのでしょうか。それは，性的指向性（セクシュアル・オリエンテーション）についての差別が社会的に存在しているからです。ここでいう性的指向性とは，性的な関心が，異性に向かうか（ヘテロセクシュアル），同性に向くか（ホモセクシュアル），さらに両性なのか（バイセクシュアル）に関わる概念です。そして，この性的指向性の問題は，セクシュアリティをめぐる議論において，現在，最もホットなテーマの一つになっているのです。

と同時に，同性愛者についての十分な知識が与えられていないために，「同性にしか（あるいは両性に）関心のある自分」が「異常」なのではないかという孤立感もまた，ティーンズの自殺（未遂）という行動の背後には存在していると考えられます。

その意味で，性的指向性をめぐる差別の問題性とともに，ホモセクシュアルやバイセクシュアルの子どもたちが，自らを肯定的にとらえていくチャンスを作り出すことは，子どもの人権という観点からもきわめて重要な課題といえるでしょう。

● **人権問題としてのセクシュアリティ**
　日本でも，この問題にやっと関心が広がりつつあります。現在，議論されつつある人権擁護法案でも，（同性愛者のグループの活動の結果でもあるが）セクシュアル・マイノリティの人権についての配慮が示されるようになろうとしています。
　しかし，セクシュアル・マイノリティについての認識は，広く提供されているでしょうか。そうでもないだろうと思います。
　例えば，「以下の質問に対して，それが正しいか誤っているかについて回答してください」という問いに，読者は，どんなふうに答えるでしょう。

　ほとんどの同性愛者は自分で選んで同性愛になった。（正・誤）

　同性愛は医学的な治療の対象である。　　　　　　（正・誤）

　同性愛者は外見や服装，態度や職業などですぐに見分けることができる。　　　　　　　　　　　　　　　　　　　　　　　　　（正・誤）

　レズビアンとは男になりたい女性のことである。　（正・誤）

　同性の人と性的な関係をもった人はすべて同性愛者である。

（正・誤）

　　異性の服装を好む人はたいてい同性愛者である。　（正・誤）

　　アメリカ合衆国には他の国と比べてとりわけ同性愛者が多い。
　　　　　　　　　　　　　　　　　　　　　　　（正・誤）

　　同性愛者は多くの場合，身近な同性愛者の影響で同性愛になる。
　　　　　　　　　　　　　　　　　　　　　　　（正・誤）

　　　　（森田ゆり，前掲書195-197頁より。順番など一部修正の上引用）

　実は，これはすべて誤った認識なのです。とはいっても，中には，これがあたかも「常識」のように定着してしまっている考え方もあるのではないでしょうか。

●ホモフォビアとヘイトクライム
　こうした同性愛者への偏見は，時として，ホモフォビア（同性愛嫌悪）に結びつくこともあります。しかも，こうしたホモフォビアを男性が抱く時，そこには，「自分は男らしい男だから同性愛者になんかならない」あるいは，「同性愛者は男性性を欠如した人間だから排除されて当然だ」といった，固定的な「男らしさ」の意識が控えているといわれます。
　ホモフォビアは，時には重大な犯罪につながることさえあります。アメリカ合衆国では，しばしばホモフォビアに依拠したヘイトクライム（差別意識に依拠した嫌悪感や憎悪によって引き起こされる犯罪）も生じています。こうしたヘイトクライムにおいては，理由もない差別意識

から，殺人といった事態に至るケースも少なくないのです。

だからこそ，1970年代前後から，世界中で，同性愛者が差別からの解放を求めて行動を開始しました。いわゆるゲイ／レズビアンの解放運動です。

こうしたゲイ／レズビアンの運動は，1980年代には，日本社会においても，新しい動きが始まりました。

セクシュアリティといいながら，性的指向性についてばかり論じてきました。実は，それには理由があります。というのも，セクシュアリティをめぐる議論において，この課題が，(国際的には大きなアジェンダになっているのに，日本社会においては)これまであまりにも等閑視されてきたと思うからです。と同時に，「セクシュアリティとジェンダー」という時，この性的指向性の問題が，「(性をめぐる) 人権の尊重」という点で，きわめて重要であるとともに，最も入りやすいテーマの一つであるというのも，その理由です。

● トランスジェンダーという生き方

もちろん，「セクシュアリティとジェンダー」というテーマをめぐっては，性的指向性以外にも，考えなければならない課題は多数存在しています。トランスジェンダーの問題もその一つです。

トランスジェンダーとは，社会的に構築された性別であるジェンダーをトランス（越境）する生き方を選んだ人たち，つまり，性別越境者を意味する言葉です。男性から女性へと越境する人をMTFTG（エム・ティー・エフ・トランスジェンダー），女性から男性へのそれをFTMTG（エフ・ティー・エム・トランスジェンダー）と呼びます。異性の装いを好むトランスヴェスタイト（異性装者），ホルモン注射や手術をしない人（ノンホル／ノンオペ）から性ホルモンの投与や性器変更

の手術を行うトランスセクシュアル（性転換者）まで，多様な形態が存在しています。

　ご自身がトランスジェンダーである田中玲の本に『トランスジェンダー・フェミニズム』という大変興味深い本があります。

　彼は，FTMTGのトランスジェンダーです。つまり，女性（F＝フィーメイル）から男性（M＝メイル）へと（T=to），トランスジェンダーした（TG＝性別を越境した）人なのです。彼は，「女」としての自分に違和感を持っていたから，ジェンダーを越境したといいます。つまり，「女」から「男」になったのです。でも，「男」になるといっても，既存の「男らしさ」にこだわっているわけではありません。「女」「男」という固定された性別の二元論を越えた生き方をこそ，彼は求めているからです。その意味で，タイトルになっている「トランスジェンダー・フェミニズム」とは，「性による差別や偏見を克服し，社会的性別を越境する思想」とまとめることができるでしょう。

　彼には，現在，同じFTMTGでゲイ（これもちょっと思いがけない言い方かもしれませんが）のアメリカ人のパートナーがいるそうです。この本には，パートナーとの開かれた関係や，ご自身が体験された重病と入院体験，ご自分の家族との関係やパートナーのご両親とのアメリカでの出会いなどなど，個人的体験もものすごく興味深い形で紹介されています。

●セクシュアリティとは

　あらためて，ここでセクシュアリティという概念について整理しておきましょう。セクシュアリティとは，性的欲望や性的行為・性的指向性などを含む，性に関わる意識・行動・心理・傾向などを総称する概念です。

そして，このセクシュアリティ概念を説明する時，しばしば用いられるのが，レスター・アレン・カーケンダールらの次のような定義です。
　「セックスとは両肢の間にある生殖にかかわる器官であり，その行動（to do）の総称とされるのに対して，セクシュアリティとは，両耳の間にある器官，すなわち大脳にかかわる，性的存在としての人間の，全生涯と全人格（to be）を包含する概念である」（L. A. カーケンダール『愛の理解』黒田芳夫・波多野義郎訳編，ぎょうせい，1975）。
　ここで，このセクシュアリティという言葉を，私なりに整理してみたいと思います。つまり，セクシュアリティとは，性的欲望や性的行為，性的指向性などを含む，性に関わる意識・行動・心理・傾向などを総称する概念ということでしょう。
　セクシュアリティをこうした視点から捉えるなら，この問題に関連した現代の青少年をとりまく諸問題のいくつかを，私たちは，ただちに連想することができるでしょう。援助交際などを含む売買春問題，マスメディアと性情報の問題，自慰行為，性暴力など強制や暴力をともなう性の問題，障害のある人の性の問題などなど，です。現在では，これに先にふれたトランスジェンダーの人や，インターセックス（半陰陽）の人々をめぐる対応といったテーマを付け加える必要があるでしょう。

● クイアスタディーズの登場
　こうしたセクシュアル・マイノリティの動きに対応して，クイアスタディーズと呼ばれる研究が，近年増加しつつあります。「クイア」とは，英語で「変態」を意味する言葉です。セクシュアル・マイノリティの人たちは，こうした社会からの偏見のまなざしを逆手にとって，自らを「クイア」と自称し，その生き方を研究対象にし始めたのです。
　現在では，欧米社会を中心に，文学研究や社会学，さらに精神分析学

など，さまざまな分野で，このクイアスタディーズが広がりつつあります。

日本でも，2007年にクイア学会が設立され，セクシュアル・マイノリティへの差別撤廃やセクシュアル・マイノリティについての学術研究が本格的に開始されています。

● ジェンダーとセクシュアリティ

また，セクシュアリティをめぐる諸問題には，「男らしさ」「女らしさ」というジェンダーをめぐる諸問題が，しばしば重なり合って存在していることにも注意を払う必要があります。

「能動的性」（であるべきだ）という男性たちの「男らしさ」の縛りは，時として，「暴力的な性」，「支配的な性」として出現する可能性を持っているからです。他方，「受動的性」（であるべきだ）という，常に受け身であることをトレーニングされてきた「女らしさ」の拘束もまた，女性たちに対等な性的関係を許さないというケースを生み出しているからでもあります。

● **セクシュアル・ライツの視点の重要性**

その意味で，セクシュアリティをめぐる問題においては，この問題についての（特に，子どもたちの間などでは，扇情的で情緒的な情報ばかりが横行しているだけに）冷静で客観的な知識の提供が，まず必要でしょう。と同時に，こうした知識の提供を，セクシュアル・ライツ（性的権利）という視点と結びつけていくことが，何よりも問われなければならないと思います。すなわち，性的平等と性をめぐる自己決定権という視座です。もちろん，こうした自己決定権は，「自分勝手な振る舞いの肯定」とは異なるものです。自己決定権には，当然，他者の人権（性

的権利も含む）の尊重が前提になるということを忘れてはならないからです。

セクシュアリティは，人間の生にとって不可欠の要素です。しかし，現代社会には，人間にとって重要なセクシュアリティの場に，強制や暴力，差別や抑圧がいまだ根強く存在しています。だからこそ，差別や暴力的強制をともなうことのない性，他者の人権や人格尊重の上にたった性という認識をふまえたセクシュアリティの考え方が，強く求められているのです。

● 学習課題

現代日本社会におけるセクシュアル・マイノリティの問題について，文献を集めて考察を加えてください。

● 引用・参考文献

ヴィンセント, キース・風間孝・河口和也『ゲイ・スタディーズ』青土社, 1997 年
田中玲『トランスジェンダー・フェミニズム』インパクト出版会, 2006 年
藤森かよこ『クイア批評』世織書房, 2004 年

14 国際社会とジェンダー

学習のポイント

グローバリゼーションの時代である現代世界において，国際的に大きく広がったジェンダー平等の動きについて，特に「開発におけるジェンダー」問題を軸に考察を加えます。その上で，持続可能性や戦争と平和の問題など，現代世界の大きな動きをジェンダーの視点から光を当てていきます。

● はじめに　グローバリゼーションとジェンダー

国境を越える動き，つまり国境というボーダー（境）がなくなっていく傾向をめぐって，最近では，グローバリゼーション，あるいはグローバライゼーションという言葉がよく使われます。このグローバリゼーションとはどういった事態を指す言葉なのでしょうか。

もともとの語義は，当然，グローバル化，すなわち「地球化」ということでしょう。あらゆる要素が全地球化するということです。と同時に，この地球化にともなって，地球上の多様な要素が相互依存・相互影響しあうという意味も，ここには含まれていることを見落としてはならないでしょう。

● 開発とジェンダー

グローバリゼーションの問題は，開発途上国では，「開発 development」という課題と密接に関係しています。ところで，この「開発」

は，そこに暮らす人々にとって，プラスに作用しているのでしょうか。実は，そうともいえないのです。むしろ，「開発」が，伝統的な生活様式やそれまであった人間と人間の豊かな関係性の絆を破壊することで，さまざまな問題を作り出している部分もあるからです。

　ここで，この「開発」の問題をジェンダーの視点から考えてみましょう。つまり，「開発」という地球規模での動きに対応して，ジェンダー関係がどのように変化しているかについて光を当てるということです。

　従来，「開発」とは，産業化を意味してきました。より多くの工場，ダム，道路，橋など多くのモノを作り生産性を上げることが，進歩であると考えられてきたのです。しかし1980年代にはいり，それまでの経済効率重視の開発は地球規模で環境破壊，資源の枯渇を招くとして，「もう一つの開発（Alternative Development）」という視点が登場してきます。「開発 development」とは，モノの生産や産業化による豊かさだけではなく，むしろ，地域住民の基本的生活基盤の確保，個人の人権の擁護の要素が重要視されるようになったのです。というよりも，これらの側面への配慮なしには開発はあり得ないという視点が強調されるようになったといった方がいいでしょう。つまり，「開発」には，個人の生活権の確保，学習権さらには身体の自己管理権といった要素が，不可欠の課題として含まれるようになったのです。これは，「開発」をめぐる視座にとって大きな変化を生み出しました。

●**女性の地位向上に向けて**

　開発とジェンダーという課題をめぐって，国際社会が大きく変化したのは，1979年に採択され，翌年署名が行われた女性差別撤廃条約です（日本政府の批准は1985年です）。この条約によって，男女の固定的役割分業撤廃の原則が，国際関係においても基本理念となったのです。

「開発」におけるジェンダー問題の重要性は，1985年，ナイロビで開催された第三回世界女性会議においても改めて確認されました。地球規模で進む開発が，経済効率重視の男性主導の中で推進される時，女性は，補助的役割，低賃金・無償労働領域に固定されていくということの問題性が指摘されたのです。

　このナイロビでの世界女性会議では，「女性の地位向上のための2000年将来戦略」が決議されました。こうした議論の中で，「開発における女性：Women in Development」という言葉がキーワードとして登場するようになりました。これを略して「開発と女性：WID」といいます。

●ジェンダーと開発をめぐる五つの政策

　ここで，ジェンダーと開発をめぐって，戦後の国際社会の動きを概括してみたいと思います。そのためには，キャロライン・モーザがまとめた五つのアプローチという整理が，きわめて有効な視座を与えてくれるはずです。

　モーザは，開発途上国におけるジェンダー政策を五つに分類しています。すなわち，「福祉アプローチ」「公正アプローチ」「貧困撲滅アプローチ」「効率アプローチ」そして，「エンパワーメント・アプローチ」です。

　「福祉アプローチ」は，1950年代から60年代にかけて導入されたアプローチです。植民地から解放され新たな経済発展を開始した途上国に対して，経済先進国は主に二つの方向から開発援助を行ったのです。一つは，経済援助政策であり，もう一つが，社会的に恵まれない人々への救済策でした。中でも子どもとその母親である女性への支援は，栄養不良対策などさまざまな側面から取り組まれました。

　ここでは，女性たちはまず，「母親」として保護されるべき存在とし

て位置づけられました。結果的に、このアプローチにおいては、女性は福祉の受容者としてのみ考えられており、女性の意思決定への参画はもとより、社会の主要な担い手としての登場は抑制されたままだったのです。

● 「公正アプローチ」から「貧困撲滅アプローチ」へ

こうした「福祉アプローチ」への反省から、1970年代以後に登場したのが、「公正アプローチ」でした。これは、すでに述べたWID（開発と女性）の最初のアプローチです。開発において、女性たちもまた男性と対等に参画すべきであるという視点がここでは強調されていました。

しかし、途上国では、こうした性別分業の打破と男女の対等な決定権への参画の要求は、西欧諸国からの「押し付け」として反発を受け、必ずしも十分な効果を発揮できなかったのです。というのも、ここで提起された「公正」の方向性には、あまりにも「あるべき姿」として、西欧モデルのジェンダー平等が前提とされており、途上国の現実に適応しにくい要素を含んでいたからです。

次の「貧困撲滅アプローチ」は、「公正アプローチ」より穏健なWIDの政策です。ここでは、男女の経済的不平等は、ジェンダー構造を通じた支配・被支配関係の結果生み出されたものではなく、女性がおかれている貧困状況に由来すると考えられました。それゆえ、このアプローチは、主に、貧しい女性の収入向上を目的として施策を推進することになったのです。

しかし、このアプローチにおいても、ジェンダー構造による女性への制約は、しばしば無視されたままでした。そのため、貧困撲滅のために女性に雇用を与え、収入の上昇を進める動きはあっても、女性が背負わされている、家事労働やコミュニティの労働については、ほとんど配慮

がなされず，結果的には，女性たちが，家庭・コミュニティの労働と生産労働の三重の労働負担を強化することになってしまったのです。

● 「効率アプローチ」の失敗

　1980年代の債務危機以後現在に至るまで，最も広範にとられている施策である「効率アプローチ」は，（あまり自覚されていないが）WIDの第三のアプローチであるといえるでしょう。つまり「女性の経済貢献によって，開発をより効率的かつ効果的に行うことを目的」とする戦略です。開発の成功には女性の参画が不可欠であり，女性の参画の拡大の中で「効率」と「公正」が達成できるとするこの戦略は，しかし，必ずしも女性のおかれた状況の改善に結びつかなかったといわれます。というのも，この「効率」を求める施策において，「女性の活用」は，できるだけ安価な（時に無償の）女性労働の拡大により，経済の「効率」と「利益拡大」を目指すものでしかなかったからです。

　なぜこの戦略がうまくいかなかったのかといえば，そこには，女性の経済参加の拡大の方向性はあっても，構造的なジェンダー問題への視点が欠如していたからです。特に，家事労働をはじめとする女性が担ってきた無償労働を男女で担うという視点が，ここには根本的に欠けていたのです。

　例えば，しばしば安価な労働力として女性の労働を考える「効率」アプローチは，（より高価な）男性労働力を労働市場から追放する結果を生む場合がありました。しかし，失業した男性たちは，性別分業の意識の中で，家事・育児・介護といった無償労働を担おうとはしません。結果的に，低賃金で働きつつ，女性たちは家での労働を負うという，きわめて厳しい状況さえ生み出されることになりました。それはまた，家族のレベルでの「貧困」と「困難」を生み出すことにもつながったのです。

●エンパワーメント・アプローチの可能性

　最後の「エンパワーメント・アプローチ」が，モーザが最も強調したいと考えている開発計画の戦略です。

　このエンパワーメント・アプローチは，「公正」アプローチとよく似た傾向を持っていますが，「公正」アプローチとは決定的に異なる側面を持っています。つまり，西欧社会からの「公正」の押し付けによる問題の解決ではなく，開発途上国の女性自身の主体性や自立を軸にしたジェンダー平等の戦略としてこのアプローチは考えられているからです。当然のことながら，このアプローチにおいては，女性の従属とともに，南北間の格差の生み出す支配・抑圧・搾取の構造が問題にされています。と同時に，問題解決の戦略として，現状で女性たちが担っている，生産労働，家事・育児・介護などの再生産労働，さらにコミュニティの管理という，「三重」の役割をきちんと視野におさめつつ，それぞれの社会において，女性たちにとって必要なニーズを掘り起こす草の根の活動に期待をかけるのです。

　ここでいう，エンパワーメントの「パワー」は，他者を支配したり抑圧したりするための「権力」を意味してはいません。差別や抑圧の中で潜在していた自らの（個人的なものだけでなく集団的な）力を再発見し，「物質的か否かを問わず重要な資源を管理する能力を持つこと，人生の中で選択し決定する権利，変化の方向付けをする権利」を意味する言葉なのです。そして，エンパワーメントはこうした自立，自己決定の力を自ら獲得していくプロセスのことなのです。

　このエンパワーメント・アプローチを代表する声として，モーザは，「新時代に向けて女性と共に行うオルタナティブな開発（DAWN/Develo-opement Alternatives with Women for a New Era)」の立場にふれて

います。

「われわれは、どの国にも、どの国家間にも、階級、ジェンダー、そして民族の不平等がない世界を望む。基本的ニーズが基本的権利となり、貧困そしてあらゆる暴力が一掃された世界を望む。それぞれが、各自の可能性、創造性を充分に育てられる機会をもち、女性の養育や連帯を重視する女性の価値観が人間関係を特徴づけるような世界を願う。そのような世界では、たとえば育児は、男性、女性、さらに社会全体が分担するなど、女性の再生産活動における役割の定義が変わるだろう。……公正・開発・平和の相互関係を強めることによって、貧困層の「基本的権利」と、女性を従属させるような制度の変革とが、密接に関係していることを示すことができる。女性自身がエンパワーメントを結集することにより、これらを達成することができる」（モーザ、1996、110-111頁）。

しかし、ジェンダーの視点とともに、国や民族、階級の間の支配・抑圧・搾取の撤廃を求める、この最も妥当と思われる戦略は、いまだ多くの支持を得ているとはいいがたいのも事実です。男性たちの、また、経済の発達した諸国の、さまざまな利害関心による妨害にあいやすいからです。しかし、その一方で、開発途上国において、このエンパワーメント・アプローチを基本的に採用している組織が、現在も大きく成長し始めているのです。

●持続可能な発展のために／環境政策とジェンダー

こうした開発とジェンダーの問題をめぐって、20世紀の後半は、さらに新しい課題をクローズアップさせることになりました。経済の発達してきた諸国とともに開発途上国をも巻き込んで、地球環境そのものの危機が語られるようになったのです。利潤・生産性・効率をもとめてあ

らゆる地域に浸透する「資本」の論理に基づく発展と開発の動きは，地球資源の枯渇や急激な自然破壊を生みだしつつあります。その結果，「このままでは，21世紀中に人類は滅亡する」といった声さえ聞こえるような状況に至ったのです。

　この自然環境破壊の問題を，ジェンダーの観点から考えることもできるでしょう。というのも，環境破壊を生み出した産業社会を動かしてきたのは，主に男性たちだったからです。男性主導の近代産業社会は，競争と優越をもとめる激しい戦いを生み出したのです。「資本」の利益とその増殖のために，効率性や生産性が何よりも求められることになりました。その結果，人間はゆとりの時間を奪われ，家庭やコミュニティでの人間関係を破壊されるとともに，一人一人の人間性をも削ぎ落とされてきたといえるでしょう。と同時に，生産性第一のこの論理は，環境に対する負荷についてもほとんど無頓着なまま野放しの「発展」を遂げてしまったのです。

　男性主導の社会のままで，この環境に一方的に負荷をかける社会から人類は脱出できるのでしょうか。たぶん，健常な身体を持った成人男性を基準にした社会が続く限り，人間性豊かな環境と調和した地球を再生することはできないだろうと思います。「持続可能な発展 sustainable development」，つまり，自然環境と調和した存続可能な発展が問われているのです。

　もちろん，男性たちも，頭の中では，この危機的状況に気がついていると思います。しかし，多くの男性たちは，絶えざる競争に追われる中で，効率優先の流れに，ほんの一歩でさえ立ち止まることが許されないのではないでしょうか。

　「健常な」成人男性を基準にした開発・経済発展の動きに歯止めをかけるためにも，まず何よりも，開発と発展をめぐる意思決定への女性の

参画が問われるでしょう。女性たちは，この200年ほどの産業社会の展開の中で，社会参画からしばしば排除されてきました。それは逆にみれば，男性と比較して，男性主導社会の生産性優先・効率優先の競争社会から，ある程度距離をとることができるということでもあります。実際，世界各地の環境保護の運動に女性の姿は男性以上に目立っているのも事実でしょう。

　男性主導の産業社会が，地球規模で行きづまりをみせている現在だからこそ，街づくりから地球レベルでの開発・発展に至るまで，まず女性の声がはっきり「介入」しうる仕組みを作り出す必要があるのです。

●サブシスタンスという視座

　産業社会から排除されてきた女性の意思決定参画は，もしかしたら，さらに決定的な変革を人類にもたらすかもしれません。というのも，この200年ほどの産業社会において，女性たちはしばしば，男性以上に，人間の生活の具体的な場に関わってきたからです。

　考えてみれば，産業という近代社会の産物にとらわれ，環境を破壊し，人間の絆をズタズタにしてきた男性たちに対して，女性たちは，むしろ人間と自然との共生や人間の絆をめぐる領域を主に担い続けてきたともいえるのです。

　こうした視座の転回は，ドイツのフェミニスト，マリア・ミースらのいう「サブシスタンス」という概念を思い起こさせます。サブシスタンスとは，生命維持，生存のための活動，または生活そのものを意味する言葉であり，しばしば「生存維持」「自給」などと訳されます。

　生産性や効率優先の仕組みを進めることと，人類の生命維持・生存のための活動とが矛盾したり衝突したりした時，私たちは，どちらを選択するべきでしょうか。誰が考えても，まず生存が先にくるのではないで

しょうか。ところが，生産性優先，利益優先の仕組みは，気がつかないうちに，生命よりも利益や生産性を優先してしまうような構図を生み出してしまっているのです。

しかも，こうした効率優先の社会の仕組みは，人間関係さえ，利益や生産性の論理で把握するような発想さえ生み出しています。人と人の自然な親密なつながりよりも，「その人との関係がどのような利益につながるか」「生産性の向上や利益の増大にとってその人はどのような役に立つか」というようなことばかりが重要視されかねないからです。それは，そのまま，人間の親密な関係，人と人との絆を破壊することにもつながることでしょう。

確かに，効率性にこだわり生産性を高めてきた産業社会の発展は，人類を「豊か」にした。しかし，その一方で，人間にとって最も基本的な生命の維持，生存のための活動をめぐって，多くのものを失ってきたともいえるでしょう。

生産性優先，効率優先の論理の徹底の中で，自然を破壊し，人間の豊かな絆を壊しつづけるのか。それとも，自然と共生しつつ人間と人間の豊かな関係性を地球規模で推し進めるのか。おおげさにいえば，開発と環境の問題は，こうした岐路における選択を，私たち人類に要求しているともいえるのです。

●ジェンダー平等の観点に貫かれた世界に向かって

21世紀，私たちが求めているのは，ジェンダーや人種，民族・宗教や文化，障害のあるなしや年齢によって，人間が差別されたり抑圧されたりすることのない（多様な人間が対等に生きられる）平和な世界です。それは同時に，人間と自然環境の共生しうる世界でもあるでしょう。

それなら，こうした世界を作り出すという，この壮大な作業のために，

私たちに何が求められているのでしょうか。

　そのためにはまず，国際的な人と人とのつながりを具体的に作り出すことが必要でしょう。政府と政府の間だけではなく，NGO や NPO など市民セクター同士のつながり，さらに，一般の人と人のつながりなど，さまざまな回路を通じた重層的なつながりを作り出すことが問われなければならないのです。こうした多様な回路を通じたコミュニケーションの深まりの中で，政治・経済・文化をめぐる相互の理解と連携を深めていくことが重要になります。それは，国際的なレベルでの平和を生み出すためにも，きわめて大切な作業といえるでしょう。

　国際社会が抱える課題の中でも，ジェンダーにおける不平等の解決は，それがほとんどの国が共通して抱えている問題であるだけに，そのまま国際的にも重要な問題の一つになっています。しかも，1975 年の世界女性会議以後，この課題をめぐって，多様な国々，さまざまな文化の間のコミュニケーションの場がすでに作り出されてもいるのです。さらに付け加えれば，ジェンダーという課題は，ここまで述べてきたように，政治・経済・社会・文化から地球環境の問題まで，あらゆる課題と重なり合う場に存在しています。だからこそ，ジェンダーを軸にした国際的な対話は，ある意味で，地球規模での人類の未来を構想するための，最良の機会であるともいえるでしょう。

● 平和問題とジェンダー

　戦争もまた，ジェンダー問題を内包しています。戦争は，人間の生命を奪うとともに，しばしば女性の人権を徹底的に踏みにじることになるからです。ボスニア・ヘルツェゴビナの民族紛争において，「民族浄化（エスニック・クレンジング）」という名の徹底した性暴力と殺戮が行われたのは，記憶に新しいところです。

こう考える時,「平和」という課題もまた,ジェンダー問題を含んでいることがよくわかります。これまでの人類の歴史において,戦争を開始するのはしばしば男たちだったのも事実だからです。
　戦争という,自らの国や民族の力を誇示し,他民族を支配しようとする動きの背景には,「優越」・「所有」・「権力」を求める男性たちの心理的傾向が作用していたことは明らかだと思います。いわば,自らの「弱さ」を押し隠し,過剰に「強さ」を示そうとする男性たちの「男らしさ」のこだわりが,戦争の背景の「一つ」であったともいえるでしょう。また,こうして開始された戦争は,非戦闘員である女性や子ども,老人たちを,戦争に巻き込むことで多くの悲惨な事態を作り出してきたのです。それはまた,戦闘員として駆り立てられた男性自身をもまた,自ら傷つけ傷つき,殺し殺される状況に追いやってきました。この流れにストップをかけるためにも,男性主導社会の仕組みそのものの転換が必要なのではないでしょうか。

● おわりに

　今,国際的・国内的なジェンダー平等のうねりの広がりの中で,女性のエンパワーメントとともに,男性の巻き込み（インヴォルヴメント）という声が上げられようとしています。「平等・発展・平和」という国際的なジェンダー課題の解決のためには,男性の意識・男性主導社会の批判的解剖とその変革もまた問われざるを得ないからです。
　なぜ,男性たちの多くは,この地球環境の危機ともいえる段階にいたってもなお,生産性優先・効率優先の論理から脱出できないのか。なぜ,男性たちは,しばしば,問題の最終的な解決手段として,暴力に頼りがちなのか。そして,なぜ,男性たちは女性に対する優越と支配を放棄しようとしないのか。地球規模での問題の解決のためにも,これまで

の男性主導社会の構造，男性の意識，男性の生活スタイルが問われることになるのです。

そして，こうした課題を解決するためには，ジェンダーの視点がきわめて重要になるでしょう。

多様な性・世代・民族・文化の対等な交流の中での，国際的な「平等」「開発」「平和」の実現が問われている現在，私たちは，このジェンダーという窓口を一つの突破口として，この問題に取り組んでいく必要があるだろうと思います。

●学習課題
現在の国際社会の諸問題の解決にとって，ジェンダーの視点の重要性について，考えてみてください。

●引用・参考文献
ミース，マリア・C.V.ヴェールホフ・V.B.トムゼン『世界システムと女性』（古田睦美・善本裕子訳）藤原書店，1995 年

モーザ，キャロライン『ジェンダー・開発・NGO』（久保田賢一・久保田真弓訳）新評論，1996 年

15 ジェンダー政策のゆくえ

> **学習のポイント**
>
> 戦後日本の男女平等理念の登場から，現代の男女共同参画政策まで，国際的な動きもふまえつつ，日本社会におけるジェンダー政策の流れを概観するとともに，今後の発展の方向性について考察します。

● はじめに

1970年代以後の国際的な女性問題の広がりの中で，日本社会もまた，現在，ジェンダーをめぐる政策において大きな転換を迫られています。しかし，残念ながら，日本の現状は，国際的にみて「女性差別大国」といってもいいほどの状況にあるのも事実なのです。この問題については，第5章の「性差別とジェンダー」や，第9章の「労働とジェンダー」をはじめ，本書においては，何度もふれてきました。

こうした日本社会の現状に対して，国際社会は厳しい目を向けています。というのも，ジェンダー平等は，20世紀後半以後の人類共通の重要なアジェンダ（議題）の一つであると認識されているからです。残念ながら，日本社会は，この国際社会が共有する新しい価値観から目をそむけているのではないかと思われているのです。

他方で，男性主導社会の担い手である男性たちもまた，世代を超えて多くの問題を抱え込み始めていることが明らかになりつつあります。若い男性の間には，自立できないマザコン青年の問題や，経済的理由や心理的な原因で結婚したくても結婚できない独身男性の増加の問題があり

ます。働き盛りの男性の前には，長時間労働や出世競争の中での苦悩があることも知られています。その結果が，年間数万件を超えるともいわれる過労死や，中高年男性の自殺率の増加にも関係しているはずです。仕事人間から解放された後も，妻から定年離婚を言い出されて泡を食ったり，それを乗り越えても，趣味も友人もいない，妻に依存するだけの「濡れ落ち葉族」の老後や，ひどい言葉ですが「産業廃棄物」のような生活が待っているというわけです。これでは男性もたまりません。

●少子高齢社会の本格化を前にして

現代日本のジェンダー問題は，進行中の少子化・高齢化の問題とも密接にからむ課題です。少子・高齢化の進行は，労働力人口の不足を生み出すとともに，高齢者福祉をはじめとする社会的負担を拡大させることは明らかです。急激に減少することが予想される生産労働人口を補うためには，高齢者の労働の継続や外国人労働力の受け入れが必要になるでしょう（2000年3月，国連は，日本政府に対して，このまま人口の減少が続くなら，毎年60万人強の外国人労働力を50年間に亙って継続して受け入れていく必要があると警告しているほどなのです）。

それ以上に急がれるのは，女性の社会参画の促進です。しかし，男女の賃金格差が縮まらず，女性のみに家事・育児・介護の負担を強いる性別役割分業の仕組みが続く限り，女性の社会参加・職業参加はうまく進行しないでしょう。また，女性の妊娠・出産の機能に対する社会的保護が十分に準備されず，逆に，女性の妊娠・出産の機能を口実にした就業や昇進における差別が現状のような形で続く限り，少子化の流れも止まることはないでしょう。

また，高齢社会は女性問題が深刻化する社会であるともいわれます。女性は，平均寿命が男性よりも長いし，現在のジェンダー構造の中で，

介護・介助労働は，しばしば女性によって担われています。つまり，介護・介助するのも女性，されるのも女性という構図があるのです。

人類が経験したことのない勢いで急激に深化することが明らかな日本の少子・高齢社会に備えるためにも，日本ほどジェンダー政策が重要性を持つ社会はありません。にもかかわらず，日本社会は，男女平等政策においては，足踏み状態が続いているのです。

● ジェンダー政策の国際的展開

ジェンダー問題の深まりに対応して，現在，ジェンダー政策の重要性があらためて問われています。ジェンダー政策とは何かといえば，「ジェンダー問題に敏感な視点にたって，ジェンダー平等を求める政策の総体」と位置づけることができるでしょう。

すでに述べたように，1970年代以後，国際社会は，このジェンダー政策を，環境問題とともに，20世紀後半登場した新たな重要なアジェンダとして取り組みを強めてきました。1979年に国連で採択された「女性差別撤廃条約」は，その一つの重大な成果だったでしょう。

こうした動きの背景には，産業構造・労働形態・労働市場の変容（生産労働中心の社会からサービス・情報を軸にした社会への移行）や，家族形態の変化（核家族・単身所帯の増加を含む家族形態の多様化），多様な政治的・社会的・文化的なマイノリティへの差別問題の浮上に対応した人権問題への関心（中でも「今世紀最大の人権問題」としての女性の人権へ注目）といった事情が控えていたことでしょう。

● ジェンダー平等を目指して

戦後国際社会におけるジェンダー政策の深まりは，ジェンダー平等をめぐるいくつかの国際条約を概観する中でもみえてくることでしょう。

第9章でも少しふれたように，例えば，ILO（国際労働機構）の国際条約だけみても，次のようなジェンダー平等を目指す動きがうかがわれます。同一価値労働・同一賃金（当初は同一労働への同一賃金として理解されてきたが，最近では，実質的な男女間の格差是正を求めるコンパラティヴ・ワースの原則として認識されるようになった）を規定したILO 100号条約（1951年採択，1967年日本政府批准），雇用・職業訓練などにおける性・人種・宗教・思想などによる差別の除去を各国政府の義務としたILO 111号条約（1958年採択，日本政府未批准），育児や介護など家族的責任を有する男女労働者が不利益を被ることなく働き続けられる社会システムの構築を目指すILO 156号条約（1981年採択，1995年日本政府批准），さらに，パート労働者（短時間労働者）とフルタイム労働者の（時間割り賃金と，社会保障を含む）均等待遇を謳ったILO 175号条約（1994年採択，日本政府未批准）などなどです。
　また，近年，労働における男女間の格差をめぐる議論において，無償労働（unpaid work）が，重要な課題として浮上していることもおさえておく必要があります。
　ILOの1980年の試算によれば，（有償・無償をあわせた）世界の労働の三分の二は女性の肩に担われていたということでした。しかし，女性が受け取っていた賃金は世界の総賃金の5％にすぎず，女性の所有する財産は世界の総資産の1％でしかなかったといわれます。その背景には，家事・育児・介護や，ボランティアをはじめとする無償の（ないし労働の対価としては低い保証しかされていない）活動，さらには農業・自営業など，重要な労働に関与しているにもかかわらず，女性の労働が，賃金としての見返りを確保されていない状況があったのです。また，この結果，さまざまな場面で，経済力を持つ男性優位の構造が再生産されてきたのです。

また，現状における格差を是正するための特別措置の実施もまた，ジェンダー・ポリティックスの新たな地平を切り開きつつあります。いわゆる「ポジティーブ・アクション（積極的格差是正策）」です。このことについて，女性差別撤廃条約は，こう書いています。「男女の事実上の平等を促進することを目的とする暫定的な特別措置をとることは，この条約に定義する差別と解してはならない」（第4条）。ヨーロッパ諸国においては，企業や行政機関におけるポジティーブ・アクション（例えば，「ゴール・アンド・タイムテーブル方式」で，男女間格差の実態把握・目標の設定と公示・目標達成のための手段の設定・実施・計画実施年における評価の公表といったプロセスで，実質的なジェンダー平等を推進するなど）を義務づけする動きも目立ち始めているのです。

●暴力や差別を越えて
　第6章の「性暴力とジェンダー」の章で紹介したように，1993年の国連総会での決議以後，女性に対する暴力の規制もまた，大きな国際的アジェンダになりました。
　労働権を含む男女両性の人権の尊重，男女両性が仕事と家庭・地域社会での活動を対等に担っていくための基盤としての労働時間の規制，男女ともに多様な選択に開かれた社会の実現，それを支える社会的安全ネットの確保といった課題が，今，重要なテーマとして国際的に共有されようとしているのです。
　さらに，第13章で紹介したように，セクシュアル・マイノリティをめぐる諸課題もまた，ジェンダー政策の大きなテーマになろうとしています。同性愛者に対する差別の撤廃は，同性愛者嫌悪と結びついてきた男性主導の異性愛中心の文化や制度の見直しを迫ろうとしているからです。同性愛者同士の結婚の社会的・法的認知の広がり，それにともなう

養子制度や遺産相続の変革などが，今後，日本社会においても大きなテーマになるはずです。さらに「性同一性「障害」」の人々の抱える課題やインターセックスの人々の人権の問題など，ジェンダー政策の関わる領域は，ますます拡大していくことでしょう。

●**日本社会におけるジェンダー政策の展開**

　ここで，こうした国際社会の動向に対応した，日本社会におけるジェンダー政策の主要な動きについて，概観しておきましょう。1985年の女性差別撤廃条約の批准以後，日本政府もいわゆる「男女共同参画社会」（この用語の登場は90年代に入って以後のものです。また，この曖昧な用語の対外的な表現は，gender equality＝ジェンダー平等ときわめて簡明なものになっていることも，ここで指摘しておきたいと思います）に向かって，それなりの政策展開を行ってきました。1985年の男女雇用機会均等法の制定，1992年の男女両性がとれる育児休業法の制定（当初は無給で出発），同年，婦人問題担当大臣（のちに女性問題，現在は男女共同参画担当大臣）設置（当初は，専任大臣ではなく官房長官が併任），1994年には，女性差別撤廃条約に従って，総理府にナショナル・マシナリー＝国内的専門機関（男女共同参画室）が設置され，1995年には，育児休業法一部改正（25％の有給へ）・介護休業法が制度化され，1996年には，男女共同参画2000年プランの制定，さらに，1997年の均等法の改正・労働基準法改正（母性保護除く女子保護規定の撤廃）と続き，1999年には，「男女共同参画社会基本法」が制定・施行されました。また，この基本法に基づき，2000年12月には政府の「基本計画」（2005年に「基本計画第二次」）が策定され，さらに，2001年1月の省庁再編にともなって，総理府男女共同参画室は内閣府男女共同参画局に格上げされました。また，諮問機関であった男女共同参画審議会に

代わって，各省の大臣や学識者によって形成される男女共同参画会議が設置されることになったのです。

また，2001年には「DV防止法」（2004年および2007年にさらに改正された）や，子育てと仕事の両立に向けて各事業所が行動計画を策定することを義務づけた「次世代育成支援対策推進法」（2004年）が成立するなど，法律の面で，ジェンダー平等社会を支える施策が次々と打ち出されました。

政策的にも，2004年の女性のチャレンジ支援策（「上」「横」「再」チャレンジという三つの方向性が示されました）が策定され，2020年までに「あらゆる分野において，指導的な役割を果たす女性の割合が少なくとも30％を超える」と，具体的な数値目標が設定されました。「上」へのチャレンジとは，意思決定等に関わる場への女性の参画のことです。「横」へのチャレンジは，これまであまり女性が進出していなかった職域への参画や起業など新しい事業を起こすことを支援する施策を意味しています。「再」チャレンジは，家庭におられる女性の中で，社会参加を希望する人々をバックアップする政策です。

● ジェンダー政策の新たな分野への拡大

2005年に新たに策定された男女共同参画基本計画（第二次）には，女性のチャレンジ支援策とともに，新しい課題がいくつか設定されています。

街づくりや防災，観光というような領域での男女共同参画もその一つです。

これまでの戦後日本社会は男性基準で作られてきたといえます。男性の目線で，計画，開発などが進められてきたわけです。その限界が今見え始めてきているように思います。環境の問題も，街づくりも，観光も，

さまざまなひずみが見え始めています。今までの方向性だと，生活しにくい人も増加するはずです。だからこそ，女性の参加によって，街づくりや防災，観光などの分野で，新しい視野を切り開いていく可能性を考える必要があるのです。

　ユニバーサルデザインの街づくりもいわれ始めています。ここにもジェンダーの視点が必要です。というのも，これまでは健常な男性の目で街が作られてきたからです。だから，障害がある人，高齢者，子育て中の人にとっては，使い勝手が悪い街になりがちでした。これからは，すべての人が使いやすい街を作る必要があります。そのためにも，健常な成人男性以外の多様な視点に立った計画や開発が問われることになるのです。その時，まず，人口の半分以上を占める女性の計画への参加が求められるのは当然でしょう。しかも，これまで，女性たちは，男性と比べて，自然や子ども，お年寄りとの接触が多い状況で生活してきたわけです。つまり，男性よりも，こうした身近な問題についてははるかにポイントをついた指摘が可能である場合も多いのです。

　農業分野でいえば，家族経営協定というような形で，農業経営を家族で相談しながら給料を決めたり，労働時間を決めたりしながら，女性がちゃんと戦力として認知されるような仕組みも動き始めています。農業従事者は，実際は女性の方が男性より多いわけです。女性が自前の所得を計上できれば，女性の農業年金も保障されます。

　農水産業の話をすれば，旅行をすると，道の駅とかをよく見かけます。こうした分野での女性の起業が最近増加しています。女性グループで会社を起こして経営を開始している。しかも，結構成功しています。あるいは今，シャッターのおりている商店街の活性化などでも，女性を商店街の理事にするといった動きもみられます。道の駅もそうですが，消費者は，男性と比べて，圧倒的に女性が多いわけです。女性の方がものを

買うのです。一般に男性は，あまり買い物をしません。誰が考えても，消費者マインドに近いのは女性の方です。女性の経営参加が，商店街の活性化に力を発揮する可能性は十分あるのではないかと思います。

　防災の問題も女性の視点が必要です。女性のニーズと男性のニーズでは，災害が起こった時に違ったりします。例えば阪神淡路大震災の時は女性のトイレをどうするかということは，実際に震災が起きたあとですごく大きな問題になりました。女性の視点を防災の中にきちんと活かしておくということは，災害予防という点でも大切ですし，実際起こったあとでの事後対策という意味でも大変重要なのに，今までの私たちの社会では欠けていた観点だったといわざるを得ないと思います。

　このように，さまざまな分野にわたって，これまで男だけで考え，男だけで作ってきたという状況を，人口の半分以上を占める女性の視点を取り入れるということが問われます。そうすることで，よりヒューマンスケールな視点に立った日本社会への転換も可能になるのではないでしょうか。

　もう日本の場合，少子高齢化は避けられません。もし，今から急に女性が子どもを産み始めても，その子どもたちが社会を支えるには20年かかるわけです。少なくともあと20年は少子高齢を前提にした社会の仕組みを考えざるを得ません。そういう時に健常な男性の目だけで社会を考えるのではなくて，女性の視点，もっというと高齢者や子どもの視点も含めて考えていくことが大切です。そうした男女共同の計画，開発の中で，成熟した日本社会を形成していければ，少子高齢社会にもより柔軟な対応が可能になっていくのではないかと考えています。

●ジェンダー政策をめぐる誤解を越えて
　ジェンダー平等な社会の構築は，日本の21世紀を考える時に重要な

課題です。しかし，最近，さまざまな誤解に基づく，ジェンダー政策への反発や批判が生じているように感じています。中でも，次のような三つほどの大きな誤解が典型的なものだと思います。

 1 男女共同参画社会作りは男女の性差の解消を目指すものではないか？

 2 男女共同参画社会作りは専業主婦の存在を否定するものではないか？

 3 男女共同参画が進むと家族の絆が崩壊してしまうのではないか？

まず，最初の誤解である「男女共同参画は性差の解消を目指すものでは」という問いかけから考えてみましょう。

これは特に「ジェンダーフリー批判」という形をとって一部のマスメディアでも語られていることでもあります。つまり男女共同参画社会というのは男女を機械的に「均質化」することではないかという発想です。私は，これは誤解だと思っています。

男女共同参画とか男女平等は，男女が機械的に「同じ」に扱われることだと思いがちな人がいます。だから「ジェンダーフリーの名の下に，同じ部屋で男女の児童が着替えをしているのではないか」，とか，あるいは「男女同室で修学旅行を泊まらせているのではないか」，などといわれるのです。でも，これは男女平等ではありません。またジェンダーフリーを進めようとしている人たちが考えているジェンダーフリーでもないと思います。男女共同参画やこれまでジェンダーフリー教育を進めようとしてきた人にとって，こうした男女同室着替えや同室宿泊は，端的にいってセクシュアル・ハラスメントだからです。こうした誤解は，男女共同参画やジェンダーフリー教育を進めようとしてきた人たちの意図とは，大きく離れたまったくの誤解ではないかと思います。

人権に配慮しながら，機械的に男女を「同じ」にするのではなく，一

人一人が性別に関わらず尊重され能力を発揮できる社会をどう作るのかというのが男女平等，男女共同参画の視点だろうと思うからです。

実際，機械的に男女を「同じ」にするということだけでは男女平等に反する場合さえあります。妊娠出産時に，「男も女もないだろう」と女性に厳しい労働を要求したら，女性に対してマイナスになり，男女平等に反する結果を生む可能性があるわけです。

● **生物学的性差への配慮と性差別の撤廃**

第2章の「生物学的性差とジェンダー」でもふれましたが，男女共同参画や性差別撤廃という時に，実は，生物学的な性差に対する配慮はきわめて大切です。女性は妊娠出産する可能性があります。これは男女で明らかに違うわけです。こうした生物学上の男女の違いについてはむしろ徹底的に配慮しなくてはなりません。男性に対する妊娠出産の配慮は必要ありませんが，女性が妊娠出産する可能性については十分に配慮しなければならないし，妊娠出産に対してはそれに対するきちんとした保障をしなければなりません。と同時に，女性が妊娠出産の機能を持っていることを理由に差別や排除をしないということが大切です。国連の女性差別撤廃条約をよく読めば，こうした生物学的性差への十分な配慮と，生物学的性差を理由に差別や排除をしないということの重要性がはっきりと謳われています。こうした視点は，男女共同参画を進める上での基本になる観点だと思います。

人権に関わる視点というのは単純ではありません。機械的に男女を同じに扱えば平等になるというわけではないのです。かなりきめの細かい対応が必要だということです。

例えば日本の政府の政策でも性差医療の問題は大きな問題になっています。女性専用外来という形で，しばしば女性のお医者さんで，女性の

病気に十分な知識を持った方が，女性の患者さんに対応するという形がとられます。勘違いをされる人は，女性だけ特別扱いして男女平等に反するのではないかという見方をされる方が時々おられます。まさに機械的に「同じ」にすることが「平等」だと思っておられるわけです。女性専用外来で，不利益を被る人はいません。女性にとっては，安心して，しかも効果的な治療が受けられる，良い仕組みです。しかも，治療効果も高いといわれています。こうしたことは，どんどん進めていかなくてはならないと思います。むしろ男性専用外来というものもこれから作っていただきたい。泌尿器科が男性専用外来に比較的近い医療機関ですが，もっとはっきり男性医学というのがあってもいいと思います。

　ジェンダー平等社会の形成にとって，問題なのは，男女を機械的に「同じ」に扱おうということではありません。男女の格差や偏見に敏感な視点に立ちながら，性別に縛られない個々人の能力発揮のために何ができるかというきめの細かい発想が実は男女共同参画には必要なのです。

●男女共同参画社会は専業主婦を否定する？

　これもよく聞く誤解です。そもそも男女共同参画というのは政策です。行政が職業選択の自由を侵すことができますか？　侵すことはできません。そんなことをしたら憲法違反です。もちろん，専業主婦というものは男女ともにあっていい選択肢だと思います。男性が専業主夫になっても良いと思います。ただ家庭にいる働き盛りの女性のうち260万人以上の方が働きたいけれど働けない状況におかれています。これはやはり考えなくてはいけません。

　専業主婦否定というよりも，むしろ今まで男はこう，女はこうと選択肢が性別で固定化されていたものを多様化していきましょうということが，男女共同参画の方向性です。

家事や育児や介護という労働をどう捉えるか，ということも専業主婦問題と関係します。無償労働，アンペイドワークなどという言葉で呼ぶことがありますが，これをどう評価するべきでしょうか。以前男女共同参画のシンポジウムで，50代くらいの方が手を挙げられてこんなことをおっしゃったことがあります。「パネリストの皆さん方は専業主婦を馬鹿にしているんじゃないか。私は男だけど，専業主婦の家事や介護を尊い労働だと思っている。こういう尊い労働をしている人たちをあなた方は馬鹿にするのか」とおっしゃった。

　この時私は「専業主婦を否定するつもりはありません。男性の専業主夫があっても良いと思います」と申し上げました。と同時に，こう付け加えさせていただきました。「家事や育児や介護は尊い労働だというあなたの意見には大賛成です。ところで，あなたはそれが尊い労働だと思っているなら当然やっていらっしゃるんですよね」と。

　家事や育児や介護は尊い労働です。これがなかったら人間社会は存続しません。問題なのは，なぜ，この「尊い労働」を女性だけがやらなければならないかということです。尊い労働だからこそ男女一緒にやっていくのが私は当たり前の方向だと思います。家事，育児や介護という人間社会の存続のために必要な労働を，男女できちんと分担していくのは，人間の生活の存続にとって尊い労働であるからこそ必要なのではないでしょうか。

　もちろん機械的に半分半分である必要はありません。いろいろな事情に応じて多様な分担の仕方があると思います。しかし，基本的には，家事や育児・介護は，男女でともにやっていく作業ではないかと思います。このような認識の転換ということもこの「専業主婦問題」を考える上で必要だろうと思います。

●男女共同参画は家族の絆を破壊する？

　男女共同参画で，女性が社会参加すると，家族の絆が弱くなるのではないかという危惧が，こうした発想の背景にはあるのだろうと思います。これについては，第10章の「家族の中のジェンダー」でふれさせていただきました。

　確かに，日本の家族の絆は弱くなっています。しかし，それは女性の社会進出のせいではありません。というのも，この30年ほどの日本社会は，他の国々と比べて，女性の社会参加を結果的に抑制してきたからです。だから，家庭におられる働き盛りの女性が，260万人以上もいるというわけです。

　それなら，日本の家族の絆を弱めた原因は何か。私は，第10章で，家族の絆を破壊したのは男性の長時間労働だったのではないかと指摘しました。つまり，「男は仕事」と，男性を家庭から切り離してきた仕組みこそ，家族のコミュニケーションを奪い，夫婦関係や親子関係を十分に成熟させなかった理由だったのではないかと考えています。

　男女が社会参加し，男女がともに家庭や地域を担う仕組みを男女共同参画と考えるならば，男女共同参画の推進は家族の絆や地域の絆を強める方向に作用する可能性が高いのではないかと思います。男女共同参画は，家族や地域を男女の対等なコミュニケーションを通じて，より強い絆形成へ向かうべきだし，そういう方向をとることで，日本の家族，地域の再生を目指す動きにしていくべきだろうと思っています。

●人と人の絆の再生に開かれたジェンダー平等社会へ

　最後に，ジェンダー平等社会について，ごく簡単に整理してみたいと思います。今までの社会は，男女という「二色刷社会」でした。つまり「男はこうあるべき」，「女はこうするべき」と性別により二色に分けて，

それぞれの生き方を規定してきたわけです。勘違いしている人は，ジェンダー平等社会は，それを「単色の社会」にしようとしているのではないかと考えておられるようです。機械的に男と女を同じに扱えば，ジェンダー平等だと考えてしまうのでしょう。だから「ランドセルは男の子は黒で女の子は赤，これを，ジェンダーフリーでみんな黒にするのか，あるいは，みんな赤にするのか」とおっしゃる方がいるのです。

そうではないのです。

必要なのは，赤と黒の二色から，黄色や茶色や緑や青やいろんな色をそろえて選択肢を広げていくことです。もっというとランドセルではなくトートバックで通う子がいてもいいというところまで広げたいと私は思います。

時代の流れの中で，多様性，ダイバーシティの方向に，生き方を広げていこうというのがジェンダー平等社会の方向性だと思います。その時，性別が，差別や排除につながらないような仕組みを考えていくことが大切です。また，さまざまな理由で社会的に不利な状況におかれた人に対する社会的サポートということも政治の仕事です。社会サービスの支えの中で，一人一人が性別に関わりなくその能力を発揮する社会，つまり「多色刷り」の社会が，ジェンダー平等の目指す方向なのです。

今後予想される，少子高齢の社会で求められるのは，人と人の絆の重要性でしょう。男女両性が，持てる能力と個性を発揮しつつ，同時に，家庭や地域での人と人の絆の再生に開かれ，豊かで対等なコミュニケーションに基礎づけられた，共同参画社会の実現が，今，私たちに求められているのです。

● 学習課題

日本におけるジェンダー政策の現状を，『男女共同参画白書』を参考に，分

析してください。その上で，今の日本社会にとって重要だと思われるジェンダー施策について，自分の考えをまとめてください。

●引用・参考文献
伊藤公雄『「男女共同参画」が問いかけるもの』インパクト出版会，2003年
大沢真理『男女共同参画社会をつくる』NHK出版，2002年
鹿島敬『男女共同参画の時代』岩波新書，2003年

索 引

配列は50音順，＊は人名

●あ 行

ILO …………………………………129
ILO 100号条約 …………………198
ILO 111号条約 …………………198
ILO 156号条約 …………………198
ILO 175号条約 …………………198
アサーティブ・トレーニング ……151
アリエス，フィリップ＊ …………50
アリストテレス＊ …………………29
アンペイドワーク …………………52
育児休業法 ………………………200
育児ストレス ……………………143
育児ノイローゼ …………………141
池田清彦＊ …………………………30
異性愛＝ヘテロセクシュアル………25
一般化された他者 ………………149
イニシエーション（通過儀礼）…117
イリイチ，イヴァン＊ ……………56
インターセックス（半陰陽）……179
ヴァナキュラーなジェンダー……56
ウーマン・リブ……………………70
ウェーバー，マックス＊ …………19
ウルストンクラフト，メアリ＊……65
エコロジカル・フェミニズム………72
FTMTG ……………………………177
M字カーブ ………………………127
MTFTG ……………………………177
エンゲルス，フリードリヒ＊ ………66
エンパワーメント ………………102
エンパワーメント・アプローチ …184
太田素子＊ …………………………27
落合恵美子＊ ……………………137
夫在宅ストレス症候群 …………112
男のフェスティバル ……………118
男らしさ……………………………86
女らしさ……………………………95

●か 行

カーケンダール，レスター・アレン＊
　…………………………………179
介護休業法 ………………………200
開発 ………………………………182
加害者教育プログラム ……………87
鏡に映った自己 …………………148
隠れたカリキュラム ……………149
家政学………………………………49
家族の絆 …………………………125
家父長制 …………………………138
過労死 ……………………………109
間接差別 …………………………131
ギルモア，デイヴィッド＊ ………41
近代家族 …………………………136
近代スポーツ ……………………164
クイアスタディーズ ……………179
グージュ，オランプ・ド＊ ………64
クーリー，トーマス・チャールズ＊
　…………………………………148
グットマン，アレン＊……………165
グローバリゼーション …………182
グローバルジェンダー・ギャップ…75
ゲイ ………………………………114
権力志向……………………………84
公正アプローチ …………………184
効率アプローチ …………………184
ゴール・アンド・タイムテーブル
　方式 ……………………………199
コミュニケーション・トレーニ
　ング ……………………………151

雇用機会均等法 …………………131
コンパラティーヴ・ワース ………198

●さ　行
再婚禁止期間 ……………………139
再生産労働………………………51
サブシスタンス …………………190
CAP（Child Abuse Prevention）　155
CSR（コーポレート・ソーシャル・
　レスポンサビリティー）………133
ジェンダー・アイデンティティ
　（性自認）………………………25
ジェンダー・エンパワーメント指数
　……………………………………14
ジェンダー・ステレオタイプ………96
ジェンダー・トラッキング ………150
ジェンダー・バイアス …………12, 13
ジェンダー平等 …………………153
ジェンダーフリー…………………204
次世代育成支援対策推進法 ………201
持続可能な発展 …………………189
社会教育 …………………………158
社会主義フェミニズム……………69
重要な他者 ………………………148
『主婦の誕生』……………………52
少子化 ……………………………122
少子化・高齢化 …………………196
女子マラソン ……………………160
女性研究者問題 …………………157
女性差別撤廃条約 ………………183
「女性的」社会 …………………37
女性のチャレンジ支援策 ………201
女性労働力率 ……………………122
所有志向…………………………84
人権宣言…………………………63
人身取引（ヒューマン・トラフィッ
　キング）…………………………77
スコット，ジョーン W.* …………30
ストーカー…………………………77

性教育 ……………………………152
成功不安 …………………………151
性差………………………………32
性差別……………………………62
性的指向性（セクシュアル・オリ
　エンテーション）………………174
性的マイノリティ ………………114
性同一性「障害」…………………25
セクシュアリティ…………………34
セクシュアル・ハラスメント………77
セクシュアル・マイノリティ ……179
セクシュアル・ライツ …………180
積極的格差是正策 ………………132
セックス…………………………13

●た　行
タイトル・ナイン ………………166
ダイバーシティ（多様性）………133
田中（貴邑）冨久子* ……………32
田中玲* ……………………………178
WID ……………………………184
ダブルスタンダード………………66
たをやめぶり ……………………38
男女共同参画 …………………122, 195
男女共同参画基本計画 …………201
男女共同参画社会基本法 ………200
男性運動 …………………………113
「男性的」社会 …………………37
男性フェミニスト ………………114
男性問題 …………………………106
地域の教育力 ……………………141
父親運動 …………………………116
チョドロウ，ナンシー* …………98
ツー・セックス・モデル…………29
DV 防止法 ………………………201
低学力化 …………………………156
定年離婚 …………………………111
デュルケーム，エミール* ………19
伝統スポーツ ……………………164

伝統的家族モデル ……………146
同一価値労働同一賃金 ………129
同性愛＝ホモセクシュアル………25
ドメスティック・バイオレンス……77
トランスヴェスタイト …………177
トランスジェンダー………………26
トロプス ………………………169

●な・は行
濡れ落ち葉 ……………………112
ノーペイン・ノーゲイン ………165
バトラー，ジュディス* …………30
非暴力トレーニング …………154
貧困撲滅アプローチ …………184
夫婦別姓問題 …………………139
フェミニズムの第二の波………69
福祉アプローチ ………………184
不払い労働………………………52
ブライ，ロバート* ……………116
フリーダン，ベティ* ……………69
フリーマン，デレク* ……………40
フリーメン運動 ………………115
プルードン，ピエール J.* ………68
ブルデュ，ピエール* ……………43
フロイス，ルイス* ………………57
プロミスキーパーズ …………117
ヘイトクライム …………………176
ヘゲモニックな男性性…………84
ベビー X ………………………95
方法論的個人主義………………18
方法論的「社会」主義……………18
ポジティーブ・アクション（積極
　的格差是正策） ………132,199
ポストモダン・フェミニズム……72
母性愛……………………………53
ホフステード，ヘールト*………36,37

ホモフォビア ……………………114

●ま・や・ら・わ行
ますらをぶり……………………38
マルクス，カール* ………………66
マルクス主義フェミニズム………71
ミース，マリア* ………………190
ミード，ジョージ・ハーバード*…148
ミード，マーガレット* …………39
ミソ・ポエティック運動 ………116
民族浄化（エスニック・クレン
　ジング） ……………………192
無償労働…………………………52
メディア・リテラシー …………153
メンズセンター ………………118
メンズリブ運動 ………………118
メンズリブ研究会 ……………118
もう一つの開発 ………………183
本居宣長* ………………………38
役割取得 ………………………148
優越志向…………………………84
吉田松陰* ………………………38
予防プログラム…………………88
ラカー，トマス* …………………28
ラディカル・フェミニズム………69
リーガル・リテラシー …………153
リプロダクティーブ・ヘルス／
　ライツ ………………………33
リベラル・フェミニズム…………66
両性愛＝バイセクシュアル……25
両性具有者………………………24
ルソー，ジャン・ジャック* ……65
レズビアン ……………………114
労働基準法 ……………………200
ワーク・ライフ・バランス ……133
ワン・セックス・モデル…………29

著者紹介

伊藤 公雄（いとう・きみお）

- 1951年　埼玉県生まれ
- 1976年　京都大学文学部哲学科社会学専攻卒業
- 1981年　同　博士課程学修退学
- 現在　　京都大学大学院文学研究科教授
- 主な著書
  『〈男らしさ〉のゆくえ──男性文化の文化社会学』（新曜社, 1993年）
  『男性学入門』（作品社, 1996年）
  『「できない男」から「できる男」へ』（小学館, 2002年）
  『「男らしさ」という神話』（NHK出版, 2003年）
  『「男女共同参画」が問いかけるもの』（インパクト出版会, 2003年）他

放送大学教材　1530402-1-0811（ラジオ）

新訂 ジェンダーの社会学

発行────2008年3月20日　第1刷
　　　　　2016年2月20日　第6刷

著者────伊藤公雄

発行所────一般財団法人
放送大学教育振興会
〒105-0001
東京都港区虎ノ門1-14-1
郵政福祉琴平ビル
電話・東京（03）3502-2750

市販用は放送大学教材と同じ内容です。定価はカバーに表示してあります。
落丁本・乱丁本はお取り替えいたします。Printed in Japan

ISBN978-4-595-30851-2　C1336